AF415400

ספר

עֵץ חַיִּים

לרבינו

חַיִּים וִיטָאל ז"ל

שֶׁקִּיבֵּל מִמָּרָן הָאֲרִ"י זלה"ה

שַׁעַר טַנת"א

שַׁעַר ה' פֶּרֶק ז'

דכ"א ע"א – דכ"ד ע"ב

תש"פ

SimchatChaim.com

בהוצאת

שמחת חיים

בס"ד

הקדמה

ירפא **ה**מאציל **ו**יושיע **ה**בורא את כל חולי בני ישראל, וישלח להם רפואה שלימה, רפואת הנפש ורפואת הגוף, בכל אבריהם ובכל גידיהם לעבודתו יתברך.

בי"ב במנחם אב תשס"ה, הובהלתי לבית החולים, הרופאים לא נתנו לי סיכוי לחיות יותר מכמה שעות בגלל מספר תסבוכות. עם זאת בזכות התפילות של בני ישראל הקדושים, ברחמיו הרבים, ריחם עלי הקדוש ברוך הוא, ונשארתי בחיים.

עם כל זאת, הובחנה אצלי מחלה קשה בכליות, ונאמר לי שהצטרך למכונת דיאליזה. בשבילי זה היה שוק!!! אף פעם לא הייתי אצל רופא, או בבית חולים. כך בעל כרחי התחברתי למכונת דיאליזה, ומכונה זאת היתה[1] קשורה בי ככלב במשך שמונים חודשים בדיוק, כמניין **יסוד**, במשך 10-12 שעות ביום.

בשבת פרשת **ויחי יעקב** י"ב טבת תשע"ב, בזכות בני ישראל, שכולם אהובים כולם ברורים כולם גיבורים כולם קדושים... וכולם פותחים את פיהם באהבה שלוש פעמים ביום, ואומרים - **ברוך אתה... רופא חולי עמו ישראל**, וכללותם כל האברכים, תלמידי הישיבות, רבנים וחכמים, חסידים, מקובלים עם תינוקות של בית רבן, זקנים עם נערים, בחורים וגם בתולות, בארץ הקודש ובעולם. ומצד שני בנות ישראל היקרות מפז, שהתפללו וקבלו עליהם כל מיני קבלות, מהפרשת חלה עד צניעות וכיסוי הראש, עם הרבנים, המנהלים, המורים, המורות **והתלמידות של בית יעקב דטורונטו** שכל יום התפללו, וכללו בתפילתם שבקעה את כל הרקיעים אותי, ונושעתי אני הקטן. הושתלה בי כליה. והתנתקתי ממכונת הדיאליזה.

אמר המלך דוד - לולי[2] תורתך שעשעי אז אבדתי בעניי. מה שנתן לי חיות היא התורה הקדושה, בשעות הרבות שהייתי מחובר למכונת הדיאליזה (כ-12 שעות ביום), ערכתי סדרתי וכתבתי במחשב את קונטרסים שלמדתי במשך שנים. וקונטרסים אלו הפכו לחיבור, ואחרי התלבטויות ובקשות מבני גילי, החלטתי בעזרתו יתברך להדפיס קונטרסים אלו.

ידוע הוא כי כל דברי האר"י זלל"ה ותלמידו נאמן ביתו, רבינו חיים ויטאל הם סתומים וחתומים באלפי שרשראות ומנעולים, והרב ז"ל גֵּלָה טפח וכיסה אלפים אמה, וכלל דבריהם הוא משלים, עם כל זאת העוסק במשל פועל בעלמות העליונים בנמשל. לכן צריך זהירות גדולה לא להגשים את המשלים, בסוד המבואר בספר הזוהר הקדוש - **ועלייהו אתמר** ועליהם נאמר - **ארור האיש אשר יעשה פסל ומסכה וגומר, ושם בסתר, מאי בסתר מהו בסתר - בסתרו דעלמא** בסתר העולם. **ובגין דא אמר קודשא בריך הוא לא תעשון אתי** ומפני זה אמר הקדוש ברוך הוא לא תעשון אתי **אלה"י כסף ואלה"י זהב, והכי אוקמוה חבריא לא תעשון אתי כדמות שמשי שמשמשין אותי** וכך העמידוהו החברים לא תעשון אתי כדמות שמשי שמשמשים אותי במרום, **לצייירא בסתר דילי שום ציור או דמיון** לצייר בסתר שלי שום ציור או דמיון, **דכל מאן דצייר לעיל לקודשא בריך הוא** שכל מי שמצייר למעלה לקדוש ברוך הוא, **בסתר** (דאיהי שכינתיה, כלילא מעשר

---

[1]

גמרא סוטה ד"ג ע"ב - גמרא סוטה ד"ג ע"ב – רבי אלעזר אומר, **קשורה בו ככלב**, שנאמר - ולא שמע אליה לשכב אצלה להיות. עמה לשכב אצלה בעולם הזה. להיות עמה לעולם הבא.

[2]

תהלים קי"ט צ"ב

ספיראן שהיא שכינתו, כלולה מעשר ספירות)**, שום ציור, וצלם, ודמות, כגוונא דמצייריין בשמשיך דיליה** שמציירים בשמשים שלו, **נשמתיה אתלבשא בההוא צלמא** נשמתו מתלבשת באותו צלם.....

וכן הוא בסוף ענף ד' דשער ד' בספר עץ חיים שער ההקדמות, וז"ל הטהור - ואמנם דבר גלוי הוא כי אין למעלה גוף ולא כח גוף חלילה. וכל הדמיונות והציורים אלו לא מפני שהם כך חס ושלום. אמנם **לשכך את הארזן** לכשיוכל האדם להבין הדברים העליונים, הרוחניים, בלתי נתפסים, ונרשמים בשכל האנושי. לכן ניתן רשות לדבר בבחינת ציורים ודמיונים, כאשר הוא פשוט בכל ספרי הזוהר. וגם בפסוקי התורה עצמה כולם כאחד עונים ואומרים בדבר הזה, כמו שאמר הכתוב עיני הוי"ה המה משוטטים בכל הארץ. עיני הוי"ה אל צדיקים. וישמע הוי"ה. וירח הוי"ה. וידבר הוי"ה. וכאלה רבות. וגדולה מכולם מה שאמר הכתוב - ויברא אלקי"ם את האדם בצלמו בצלם אלהי"ם ברא אותו זכר ונקבה וגו'. **ואם התורה עצמה דברה כך** גם אנחנו נוכל לדבר כלשון הזה, עם היות שפשוטו הוא למעלה שם שאין אלא אורות דקים בתכלית הרוחניות, בלתי נתפסים שם כלל, וכמו שאמר הכתוב - כי לא ראיתם כל תמונה, וכאלה רבות. ואמנם יש עוד דרך אחרת כדי להמשיך ולצייר בה הדברים העליונים, והם בחינת כתיבת צורת אותיות, כי כל אות ואות מורה על אור פרטי עליון, וגם תמונת זו דבר פשוט הוא כי אין למעלה לא אות ולא נקודה, **וגם זה דרך משל וציור לשכך את הארזן** כנזכר.....

ולכן כל המבואר כאן בחיבור זה הוא כדי **לשכך את הארזן**. והתרשימים שבסוף החיבור הם כדי **לשבר את העין**, לכן אין שום ביאור והסבר שלם, ואין שום תרשים שלם בתכלית השלמות.

ידוע כי[3] דברי תורה עניים במקומן ועשירים במקום אחר, **ועל אחת כמה וכמה** בדברי הרב ז"ל, שכל סוגיה חסרה[4] במקומה, וחלקיה מפוזרים במקומות אחרים. **זאת ועוד** הרב ז"ל מערבב בדרוש אחד כמה וכמה סוגיות, כאשר בפשטות דבריו נראה שכל הדרוש הוא דרוש אחד, ולא מחולק לסוגיות שונות, ושמועות שונות, **ביאור** דברי הרב ז"ל כאן הם **בעומק, והוא בעצם ליקוט** עד איפה שידי הקצרה הגיעה, מכל חלקי ספר עץ חיים, ושמונה השערים המצויינים לרב ז"ל, מבוא שערים ושאר ספרי הרב ז"ל, והוא גם על פי הקדמת רחובות הנהר למרן הרש"ש, דרושי פנימיות וחיצוניות, דרוש הדעת, סוגיות ערכין, סוגיות דכללות והתכללות, פרטות וכללות, וסוגיות עובי ואורך, ועל פי ביאור גדולי רבותינו חכמי המקובלים לדורותם זלה"ה זי"ע.

ידוע כי[5] אין בר בלי תבן, כך אין ספר בלי טעויות, ועוד יודע אני כי דל ועני אני, **ואין[6] עני אלא בדעה**. לכן מבקש אני בכל לשון של בקשה אם יש לכל אחד שאלות, הערות, הארות, תיקונים, נא לשלוח ל - <u>book@simchatchaim.com</u> והשתדל לענות, ולתקן את הצריך תיקון.

בברכה והצלחחה בלימוד התורה הקדושה

ובעיקר בפנימיות התורה, תורת האר"י הח"י.

ורפואה שלימה לכל חולי ישראל.

אח"י

גמרא ירושלמי, ראש השנה פ"ג הלכה ה' די"ז ע"א – דברי תורה עניים במקומן, ועשירים במקום אחר.

4

תורת חכם דע"ב ע"ב – חסר לשון הוא, כמו שיראה המעיין.

5

גמרא ברכות נ"ה א' – מה לתבן את הבר נאם ה', וכי מה ענין בר אצל חלום, אלא אמר ר' יוחנן משום ר' שמעון בן יוחאי ,כשם שאי אפשר לבר בלא תבן, כך אי אפשר לחלום בלא דברים בטלים.

6

גמרא נדרים מ"א ע"א – אין עני אלא בדעה .

ב"ה

הקדמה קצרה לחיוב לימוד תורת הקבלה

יִשְׂמְחוּ הַשָּׁמַיִם וְתָגֵל הָאָרֶץ ירעם הים ומלאו. שזכינו בדור שלנו שפנימיות התורה, שהיא היא תורת הקבלה, מתפשטת לכל, וכל מקום בעולם היום לומדים בתורת הח"ן. הדור שלנו יש הרבה התעוררות ללמוד סתרי התורה הקדושה, הנקראת חכמת הקבלה. בירושלים של המאה ה־18 בישיבת **בית אל** היו בקושי מנין של מקובלים, והיום תורת הקבלה מופצת בכל מקום בארץ ובעולם. לעניות דעתי אחת הסיבות העיקריות לשינוי זה הוא רצונם של בני התורה, החוזרים בתשובה ועמך לדעת את סוד החיים, למה ברא הקדוש ברוך הוא את העולם, ואת טעמי המצות, ר"ל אי אפשר היום בדור שלנו, להסביר על פי הפשט את הסיבה מדוע אסור לאכול בשר וחלב, מדוע צריך להניח תפילין, למה לשמור דוקא שבת ולא יום שלישי, אי אפשר להגיד כל הזמן **זאת גזרת הכתוב, כך רוצה הקדוש ברוך הוא,** האנשים מחפשים הסברים למצות, לסיפורי התנ"ך, לגלגולי נשמות, ועוד. ורק על ידי עסק בפנימיות התורה, אדם מסיג את ההסברים לקושיות שיש לו. **זאת ועוד** חיים אנחנו בדור של חומריות, והאנשים מחפשים את רוחניות שבחיים, אז מה עושים, נוסעים למזרח, להודו, סין, תאילנד למצוא רוחניות, ולא יודעים **ששורש כל הרוחניות בעולם נמצאת בתורה הקדושה,** עם כל זאת כאשר הלומד את פשט התורה, **הוא לא מכיר** את הקדוש ברוך הוא, והוא בלי יראת שמים ושמחה אמתית. כותב הרב המקובל האלוה"י רבינו יהודה פתייה בפרושו הנפלא על עץ חיים - כי לימוד עץ חיים הוא עמוק מאד מאד, כי הוא **מים שאין להם סוף,** והוא קשה מאד גם לחכמים ההוגים בו תמיד, וכל שכן למתחילים. כי הוא חזק מצור, וקשה מברזל, שאי אפשר לחצוב ממנו מאומה, אם לא על ידי כלי מחצב חזקים כציפורן שמיר. וכל המתחיל בלימוד עץ חיים, אם לא יהיה לו רב, או לפחות איזה מפרש המפרש לו כוונת הפרק ההוא לפי פשטו, נבול יבול, ואינו יכול לעמוד על הפרק כי אם לאחר יגיעה רבה, ושקידה עצומה, וכולי האי ואולי. כי הרבה פעמים יסבור המעיין שהבין הענין ההוא כראוי, ואחר שילמוד עוד איזה פרקים אחרים, ירגיש כעצמו שלא הבין את פרקים הקודמים, והניסיון יעיד על זה, עד כאן דברי קודשו. עם כל זאת חייב כל אדם לעסוק בתורת החיים.

צדיק אתה הוי"ה וישר משפטיך. כתב הרב רבינו חיים ויטאל ז"ל בהקדמה לשער ההקדמות - והנה מה שכתבת בתחילת דבריו, ואפילו כל אינון דמשתדלי באורייתא כל חסד דעבדי לגרמייהו וכו', עם היות שפשטו מבואר ובפרט בזמנינו זה, בעוונותינו היום אשר התורה נעשית קרדום לחתוך בה אצל קצת בעלי תורה, אשר עסקם בתורה על מנת לקבל פרס, והספקות יתרות, וגם להיותם מכלל ראשי ישיבות, ודיני סנהדראות, להיות שמם וריחם נודף בכל הארץ, **ודומים במעשיהם לאנשי דור הפלגה הבונים מגדל וראשו בשמים,** ועיקר סיבת מעשיהם היא מה שנאמר אחר כך הכתוב - **ונעשה לנו שם**... והנה על הכת הזאת אמרו בגמרא כל העוסק בתורה שלא לשמה, נוח לו שנהפכה שליתו על פניו, ולא יצא לאויר העולם. ואמנם האנשים האלה מראים תימה וענוה באמרם כי כל עסקם בתורה הוא לשמה. והנה החכם הגדול התנא רבי מאיר ע"ה העיד עליהם שלא כך הוא, באומרו לשון כללות - כל העוסק בתורה לשמה זוכה לדברים הרבה וכו', **ומגלים לו רזי תורה, ונעשה כנהר שאינו פוסק,** והולך

וכמעיין המתגבר מאליו, בלתי הצטרכו לטרוח ולעיין בה, ולהוציא טיפין טיפין של מימי התורה מן הסלע, הנה זה יורה שאינו עוסק בתורה לשמה כהלכתה, ומי זה האיש אשר לא יזלו עיניו דמעות בראותו המשנה הזאת, **ורואה חסרונו ופחיתותו**, עד כאן לשונו. לכן כל אחד צריך לטעום מעץ החיים.

חצות לילה אקום להודות לך על משפטי צדקך. כתב רבינו אליהו מני זצ"ל רבו של הרי"ח הטוב, בספרו הקדוש כסא אליהו שער ד' וז"ל - ואם זיכך הוי"ה ללמוד בחכמת האמת, הנה עצה היעוצה היא שכל סדר הלימוד בנגלה תתנהג בו ביום דווקא. **אבל בלילה תלמוד בחכמת האמת, והעיקר הלימוד אחר חצות,** כי זה הלימוד צריך ישוב דעת הרבה, וכשיקוץ האדם אז דעתו מיושבת עליו יותר. גם גה הלימוד צריך הסתר והצנע, **וכל דבר שיהיה בלילה ובפרט אחר חצות יהיה נסתר יותר מן היום.** ותעשה ועד עם החברים בבית המדרש אם הוא צנוע, **או בביתך ותלמדו בכל לילה,** עד כאן לשונו. וישב ללמוד האדם בלילה תחת עץ החיים.

קראתי בכל לב ענני הוי"ה חקיך אצרה. בהקדמה[7] לשער ההקדמות מבאר הרב ז"ל - ואמנם אל יאמר אדם אלכה לי ואעסוק בחכמת הקבלה, מקודם שיעסוק בתורה במשנה ובתלמוד, כי כבר אמרו רבינו ז"ל - אל יכנס אדם לפרדס **אלא אם כן מלא כריסו בבשר ויין**, והרי זה דומה לנשמה בלתי גוף, שאין לה שכר ומעשה וחשבון, עד היותה מתקשרת בתוך הגוף, בהיותו שלם מתוקן במצות התורה בתרי"ג מצות. **וכן בהפך** בהיותו עוסק בחכמת המשנה והתלמוד בבלי, ולא ייתן חלק גם אל סודות התורה וסתריה, כי **הרי זה דומה לגוף היושב בחושך**, בלתי נשמת אדם נר הוי"ה המאירה בתוכה, **באופן שהגוף יבש בלתי שואף ממקור חיים,** אשר זהו ענין אומרו במקום אחר ההוא הנזכר לעיל וז"ל - דאילין אינון דעבדי לאורייתא יבשה, ולא בעאן לאשתדלא בחכמת הקבלה וכו'. באופן כי התלמידי חכמים העוסקים בתורה לשמה, ולא לשמו, לעשות לו שם. צריך שיעסוק בתחילה בחכמת המקרא, והמשנה, והתלמוד, כפי מה שיוכל שכלו לסבול. ואחר כך יעסוק לדעת את קונו בחכמת האמת, וכמו שציוה דוד המלך ע"ה את שלמה בנו - דע את אלה"י אביך ועבדהו. ואם האיש הזה יהיה כבד וקשה בענין העיון בתלמוד, מוטב לו שיניח את ידו ממנו, אחר שבחן מזלו בחכמה זאת, ויעסוק בחכמת האמת. וזה שמבואר כל תלמיד חכם שאינו רואה סימן יפה בתלמוד בחמשה שנים, שוב אינו רואה, עד כאן דברי קודשו. ומזה כל אחד ואחד חייב חייב להדבק במקור החיים.

חסדך הוי"ה מלאה הארץ חקיך למדני. בשער הגלגולים, בקדמה ט"ז כתב הרב ז"ל - עוד צריך שתדע, כי האדם צריך לקיים כל התרי"ג מצות, במעשה, ובדבור, ובמחשבה. וכמו שאמרו ז"ל על פסוק - זאת התורה לעולה ולמנחה וכו', כל העוסק בפרשת עולה, כאלו הקריב עולה וכו'. וכוונו בזה שהאדם מחויב לקיים כל התרי"ג מצות בדבור, וכן על דרך זה במחשבה. ואם לא קיים כל התרי"ג בשלשה בחינות הנזכרות, מחוייב להתגלגל עד שישלים אותם. **עוד דע,** כי האדם מחויב לעסוק בתורה בארבעה מדרגות, **שסימנם פרד"ס,** והם, פשט, רמז, דרוש, סוד וצריך שיתגלגל עד שישלים אותם. ובהקדמה י"ז כותב הרב ז"ל - שהאדם **מחוייב לעסוק בתורה בארבעה מדרגות שבה,** והיא זאת, דע, כי כללות כל הנשמות

ע"ח ד"א ע"ד.

הם ששים רבוא ולא יותר. והנה התורה היא שרש נשמות ישראל, כי ממנה חוצבו, ובה נשרשו. ולכן יש בתורה ששים רבוא פירושים, וכלם כפי הפשט. וששים רבוא ברמז. וששים רבוא בדרש. **וששים רבוא בסוד.** ונמצא, כי מכל פירוש מן הששים רבוא פרושים, ממנו נתהווה נשמה אחת של ישראל, ולעתיד לבא כל אחד ואחד מישראל, ישיג לדעת כל התורה כפי אותו הפירוש המכוון עם שרש נשמתו, אשר על ידי הפרוש ההוא נברא ונתהווה כנזכר. וכן בגן עדן אחר פטירת האדם, ישיג כל זה. וכן בכל לילה כאשר האדם ישן, ומפקיד נשמתו ויוצאה ועולה למעלה, הנה מי שזוכה לעלות למעלה, מלמדים לו אותו הפירוש, שבו תלוי שרש נשמתו. ואמנם הכל כפי מעשיו ביום ההוא, כך באותה הלילה ילמדוהו, פסוק אחד, או פרשה פלונית, כי אז מאיר בו יותר פסוק ההוא משאר הימים. ובלילה האחרת יאיר בנשמתו פסוק אחר, כפי מעשיו של אותו היום, וכולם על דרך הפירוש ההוא אשר תלויה בו שרש נשמתו כנזכר, עד כאן דברי קודשו. ור"ל שכל יהודי ויהודי חייב להשיג את שורש נשמתו, וללמוד את סוד החיים.

יבאוני רחמיך ואחיה כי תורתך שעשעי. מבואר במדרש משלי - אמר רבי ישמעאל, בוא וראה כמה קשה יום הדין שעתיד הקדוש ברוך הוא לדון את כל העולם כולו בעמק יהושפט. בזמן שתלמידי חכמים באים לפניו, אומר לכל אחד מהם - כלום עסקת בתורה, אמר לו הן, אומר לו הקדוש ברוך הוא הואיל והודית, אמור לפני מה שקרית, ומה ששנית בישיבה, ומה ששמעת בישיבה. מכאן אמרו - כל מה שקרא אדם יהא תפוש בידו, ומה ששנה כמו כן, שלא תשיגהו בושה ליום הדין. מכאן היה רבי ישמעאל אומר - אוי הלה לאותה בושה, אוי לה לאותה כלימה, ועל זה ביקש דוד מלך ישראל בתפילה ובתחנונים לפני המקום ואמר - הוי"ה בוקר תשמע קולי בוקר אערך לך ואצפה. בא לפניו מי שיש בידו מקרא ואין בידו משנה, הקדוש ברוך הוא הופך את פניו ממנו, ושרי גיהנם מתגברים בו כזאבי ערב, ונוטלין אותו ומשליכין אותו לתוכה. בא לפניו מי שיש בידו שני סדרים או שלושה, אז הקדוש ברוך הוא אומר לו - בני, כל ההלכות למה לא שנית אותם, ואם אומר הקדוש ברוך הוא הניחוהו, מוטב, ואם לאו עושין לו כמידת הראשון. בא לפניו מי שיש בידו הלכות, הקדוש ברוך הוא אומר לו - בני, תורת כהנים למה לא שנית, שיש בה טומאה וטהרה, וטומאת שרצים וטהרת שרצים, טומאת נגעים וטהרת נגעים, טומאת נתקים ובתים וטהרת נתקים ובתים, טומאת זבים ולידה וטהרת זבים ולידה, טומאת מצורע וטהרתו, סדר וווידוי יום הכיפורים, וגזירות שוות, ודיני ערכים, וכל דין שדנו ישראל לא דנו אלא מתוכו. בא לפניו מי שיש בידו תורת כהנים, אומר לו הקדוש ברוך הוא - בני, חמישה חומשי תורה למה לא שנית, שיש בהם קריאת שמע, ותפילין, ומזוזה. בא לפניו מי שיש בידו חמישה חומשי תורה, אומר לו - בני, למה לא למדת הגדה, ולא שנית, שבשעה שחכם יושב ודורש, אני מוחל ומכפר עוונותיהם של ישראל, ולא עוד אלא בשעה שעונין אמן יהא שמיה רבה מברך, אפילו נחתם גזר דינם אני מוחל ומכפר להם עוונותיהם. בא לפניו מי שיש בידו הגדה, אומר לו הקדוש ברוך הוא - בני, תלמוד למה לא שנית, שנאמר - כל הנחלים הולכים אל הים והים איננו מלא, זה התלמוד, שיש בו חכמות הרבה. בא מי שיש בידו תלמוד, הקדוש ברוך הוא אומר לו - בני, הואיל ונתעסקת בתלמוד, **צפית במרכבה, צפית בגאוה**, שאין הנייה בעולמי, אלא בשעה שתלמידי חכמים יושבים ועוסקים בתורה, מציצין ומביטין ורואין והוגין המון התלמוד הזה - **כסא כבודי היאך הוא עומד. רגל הראשונה במה היא משמשת, שנייה במה היא משמשת, שלישית במה היא משמשת, רביעית במה היא משמשת, חשמל היאך הוא עומד, ובכמה פנים הוא מתהפך בשעה**

אחת, לאי זה רוח הוא משמש, הברק היאך הוא עומד, כמה פנים של זוהר נראין בין כתפיו, לאיזה רוח משמש, כרוב היאך הוא עומד, לאי זה רוח הוא משמש. גדולה מכולם עיון כיסא הכבוד, היאך הוא עומד, עגול הוא כמין מלבן, ומתוקן הוא, כמה גשרים יש בו, כמה הפסק בין גשר לגשר, וכשאני עובר באיזה גשר אני עובר, ובאי זה גשר האופנים עוברים, ובאיזה גשר הגלגלים עוברים. גדולה מכולם מצפורני ועד קודקודי, היאך אני עומד, כמה שיעור בפיסת ידי, וכמה שיעור אצבעות רגלי. גדולה מכולם כיסא כבודי, היאך הוא עומד, לאיזה רוח הוא משמש, באחד בשבת לאיזה רוח הוא משמש, בשני בשבת לאיזה רוח הוא משמש, בשלישי בשבת לאיזה רוח הוא משמש, ברביעי בשבת, בחמישי בשבת, בששי בשבת לאיזה רוח משמשין, וכי לא זהו הדרי, זהו גדולתי, זהו הדר יופי, שבניי מכירין את כבודי במידה הזאת. ועליו אמר דוד - מה רבו מעשיך הוי"ה, כולם בחכמה עשית, מלאה הארץ קנינך. עד כאן לשון המדרש. ממדרש זה לומדים על חובת כל אחד ואחד מישראל את לימוד כל חלקי הפרד"ס, ובעיקר את בחינת הסוד שבתורה, הנקרא[8] מעשה מרכבה, ובמעשה בראשית. ומבאר הרב בית לחם יהודה על השינוי שיש בפסוקים במעמד הר סיני, בפסוק אחד כתוב - ויחן שם ישראל תחת ההר. ומספר פסוקים יותר מאוחר כתוב וירא העם וינועו מרחק. וידוע כי כאשר כתוב בתורה ישראל, מדובר בבני ישראל, וכאשר כתוב העם, מדובר על הערב רב. וז"ל הרב בית לחם יהודה - ובזוהר בהעלותך דף קנ"ב ע"א קרי להעוסקים בחכמת האמת, אינון דהוי קיימי בטורא דסיני. וז"ל - חכמין עבדי דמלכא עלאה אינון דקיימו בטורא דסיני, לא מסתכלי אלא בנשמתא, דאיהי עיקרא דכלא אורייתא ממש וכו'. ונראה בעיני אם מותר, משמע אותן שאינן יודעים סודות התורה לא עמדו על הר סיני, עד כאן לשונו. ונראה לי בביאור כוונתו כי בתחלה כשיצאו ישראל לקראת האלהי"ם, היו מתייצבים בתחתית ההר, ואחר כך נאמר וירא העם וינועו ויעמדו מרחוק, כי היו יראים פן תאכלם האש הגדולה הזאת וימיתו. והיה מקצת מהעם שהיו ששים ושמחים לקראת השכינה, ולא רצו לזוז ממקומם הראשון, ולעמוד מרחוק, אפילו אם ימיתו ממש. ועליהם הוא מה שכתב בזוהר הנזכר - אינון דקיימו בטורא דסיני, כלומר ולא נעו ועמדו מרחוק, אלא עמדו בטורא דסיני מתחלה ועד סוף, ולכן הם זוכים לחכמת האמת. ואותם הנשמות אשר נעו עם העם ועמדו מרחוק, כן הם עושים גם עתה, שנסים ועומדים מרחוק לחכמת האמת מיראתם, פן תאכלם האש הגדולה הזאת. ולכן על כל אחד ואחד מבני ישראל הקדושים מחויב לעמוד תחת עץ החיים.

יראיך יראוני וישמחו כי לדברך יחלתי. בספר הזוהר הקדוש מבואר מדוע התפילות של בני ישראל לא נענות, וז"ל תיקוני הזוהר תיקון מ"ג - בראשית תמן את"ר יב"ש במלת בראשית יש אותיות את"ר יב"ש, ודא איהו ונהר יחרב ויבש היסוד הנקרא נהר יחרב ויבש ממי השפע, ואין לו מה להשפיע למלכות, בההוא זמנא דאיהו יבש באותו הזמן שהיסוד הוא יבש, ואיהי יבשה המלכות הנקראת יבשה, היא יבשה כי לא מקבלת שפע מהיסוד, אז כאשר צוווחין בנין לתתא מתפללים וצועקים בני ישראל, ביחודא ואמרין וביחוד שאומרים בני ישראל שמע ישראל שיבא ז"א הנקרא ישראל להתיחד עם נוקבא בשעת התפילה דעמידה, עם כל זאת ואין קול של התפילה או הקריאת שמע שעוזרים לזיווג דזו"ן ואין עונה ואין מי שיענה וימלא את הבקשות בתפילתם. הדא הוא דכתיב וזהו שכתוב - אז בני ישראל יקראונני

גמרא חגיגה די"א ע"ב

בני ישראל בעת צרתם בקריאת שמע ובתפילה, **ולא אענה** ואני לא אענה אותם בתפלתם, מפני שלא לומדים ומתעסקים בפנימיות התורה. **והכי מאן דגרים דאסתלק** וכל מי שגורם הסלקות פנימיות תורת **הקבלה וחכמתא מאורייתא דבעל פה ומאורייתא דבכתב** מהתורה שבעל פה והתורה שבכתב, **וגרים דלא ישתדלון בהון** וגורמים גם לאחרים שלא יתעסקו וילמדו את חכמת הקבלה, **ואמרין דלא אית אלא פשט באורייתא ובתלמודא** ואומרים שאין בתורה ובתלמוד אלא פשט התורה, בלי פנימיות הסוד, **בודאי כאלו הוא יסלק נביעו מההוא נהר** בודאי נחשב לו כאילו הוא מסתלק את נביעת שפע החכמה והבינה מן היסוד, **ומההוא גן** ומן הנוקבא הנקראת גן, **ווי ליה** לאותו יהודי **טב ליה דלא אתברי בעלמא** טוב לו שלא היה נברא, **ולא יוליף ההיא אורייתא דבכתב ואורייתא דבעל פה** ולא היה לומד תורה שבכתב ותורה שבעל פה, כי דינו כעם הארץ שלא למד כלל, ועוד **דאתחשב ליה כאלו אחזר עלמא לתהו ובהו** שנחשב לו כאילו החזיר את העולם לתהו ובהו, ר"ל לסוד שבירת הכלים לפי שמגביר הקליפות כאשר הנהר והגן יבשים, **וגרים עניותא בעלמא ואורך גלותא** וגורם עניות בעולם ומאריך את הגלות השכינה וביאת המשיח. עד כאן דברי הזוהר הקדוש. וכותב רב חיים ויטאל זלה"ה בהקדמה וז"ל - אמנם שעשועות של הקדוש ברוך הוא בתורה, והיותו בורא בה את העולמו, היתה בהיותו עוסק בתורה בבחינת הנשמה הפנימית שבה, הנקרא - רזי תורה, הנקרא מעשה מרכבה, **היא חכמת הקבלה** כנודע אל היודעים, וטעם הדבר הוא להיותו עולם האצילות העליון מאד, טוב ולא רע, דלא יכיל להתערבא עמיה קליפה, ועליה אתמר - וכבודי לאחר לא אתן, כנזכר בספר התיקונין דף ס"ו תיקון י"ח, וכן בספר הזוהר בפרשת בראשית דף כ"ח ע"א עיין שם. ולכן גם התורה אשר שם [**אח"י** - בעולם האצילות] איננה רק מופשטת מכל לבושי הגופנין, מה שאין כן למטה בעולם היצירה, עולם דמטטרו"ן, הנקרא עבד טוב, והוא הנקרא עץ הדעת טוב ורע, ומסטרא דסמא"ל שהוא קליפין דיליה, **נקרא עבד רע**, כי התורה אשר שם, הם שית סדרי משנה **הנקראים שפחה** כנזכר לעיל, וכנזכר בפרשת בראשית שם דף כ"ז ע"א. ולכן נקראת משנה, לפי ששם יש שינויים הפוכים **טוב מסטרא דעבד טוב**, היתר, כשר, טהור. **רע מסטרא דעבד רע**, איסור, טמא, פסול. גם הוא מלשון כי מרדכי היהודי משנה למלך, שהיה שפחה הנקרא עבד מלך, מלך גם נקרא מלשון שינה, כנזכר בפרשת פינחס דף רמ"ד ע"ב - קם זמנא תנינא ואמר, מארי מתניתין נשמתין ורוחין ונפשין דילכון אתערו כען ואעברו שינתא מניכון דאיהו, ודאי משנה אורח פשט, דהאי עלמא ואנא לא אתערנא בכו, אלא ברזין עילאין דעלמא דאתי דאתון בהון, לא ינום ולא ישן. וזה יובן במה שמבואר יותר למעלה שם - **ורבנן דמתניתין ואמוראי, כל תלמודא דלהון על רזין דאורייתא סדרו ליה**. ונמצא כי המשנה והש"ס הם הנקרא גופי תורה. והנה דבריהם כחלום בלי פתרון, **ורזיה וסתריה הפנימים הנקרא בנשמת התורה, הם הם פתרון החלום הנפתר בהקיץ**, בסוד - אני ישנה ולבי ער, וכמו[9] שאמרו חכמים ז"ל - **במחשכים הושיבני כמתי עולם, זה תלמוד בבלי**, אשר איננו מאיר אלא על ידי ספר הזוהר, **הם הם רזי תורה וסתריה** אשר עליהם נאמר - ותורה אור. ואין ספק כי כמו שהיצר נקראת עבד ושפחה בערך האצילות, ונקרא קליפין ולבושין דחול, כנזכר בהקדמת ספר התיקונין ד"ג ע"ב וז"ל - וביומי דחול לביש עשר כתות דמלאכיא דמשמשי לעשר ספירות דבריאה. ואם כן אין לתמוה כי התורה אשר שם שהיא המשנה, תהיה נקרא שפחה וקליפין דתורה דאצילות, וזה סוד כל הבשר חציר הנזכר

לעיל במאמר הראשון, כי כמו שהחטה שהיא בגימטריא כמנין כ"ב אותיות התורה, הגנוזה תוך כמה קליפין ולבושין שהם הסובין והמורסן והתבן והקש והעשב, הנקרא חציר, כן המשנה אצל סודות התורה נקרא חציר, וזה נרמז בספר הזוהר פרשת כי תצא ברעיא מהמנא דף רע"ה ע"ב - **אצל רבנן ווי לאינון דאכלין תבן דאורייתא, ולא ידעי בסתרי אורייתא, אלא קלין וחמורין דאורייתא, קלין אינון תבן דאורייתא, וחמורין אינון חטה דאורייתא, ח"ט ה' אלבא דטוב ורע וכו'.** ואלו באתי להרחיב דרוש זה לא יספיקו מאה קונטרסין בלי ספק בלי שום גוזמא, האמנם החכם החכם עיניו בראשו כי דברי אמת אני אומר, ואל יתמה האדם בראותו ספר הזוהר איך קורא אל המשנה שפחה וקליפין, כי עסק המשנה כפי פשטיה, **אין ספק שהם לבושין וקליפין חיצונים בתכלית אצל סודות התורה הנגנזים,** ונרמזים בפנימיותה כי כל פשטיה הם בעלם הזה בדברים חומרים תחתונים..... על כן על כל בני ישראל לאכול מעץ החיים.

מה אהבתי תורתך כל היום היא שיחתי. ומבאר הרב ז"ל בהקדמה לשער המצות, כי עסק לימוד פנימיות התורה הוא חלק בלתי נפרד מתלמוד תורה, וז"ל - גם בענין עסק התורה שהיא אחת מרמ"ח מצות עשה, אם לא השלים אותה, **שהוא ענין עסקו בפרד"ס התורה,** שהוא ראשי תיבות **פשט רמז דרש סוד**, בכל בחינה מהם כפי אשר יוכל להשיג, **עד מקום שידו מגעת,** לטרוח ולעשות לו רב שילמדנו. ואם לא עשה כן, הרי חסר מצוה אחת של תלמוד תורה, שהיא גדולה ושקולה ככל המצות, וצריך **להתגלגל** עד שיטרח הארבעה בחינות של פרד"ס כנזכר. וכן מבאר הרב בית לחם יהודה בהקדמתו הקדושה, וז"ל - ומה מאד נמלצו [**אח"י** - מלשון מליצה] בזה דברי הנביא ירמיה (סימן כ"ב) באומרו - אל תבכו למת וכו'. שהוא מדבר עם הציבור המתקבצים להספיד על איזה צדיק הנפטר רח"ל, על שנחסר צדיק אחד מהדור שהיה מנין בזכותו עליהם. וקאמר להו הנביא אל תבכו וכו', **לפי שרובם של צדיקים אינם זוכים לעסוק בכל ארבעה חלקי הפרד"ס, ואם כן מוכרחים הם לחזור ולבוא בגלגול כדי להשלים לימודם בארבעה חלקים,** כי אפילו הוא עסק בשלוש חלקי הפרד"ס, לא יצא ידי חובתו, ועליו נאמר הן כל אלה יפעל א"ל פעמים שלש עם גבר, להחזירו בגלגול. ואם כן הוי פסידא דהדרא. ואפשר שבו ביום שנפטר הוא חוזר ומתגלגל, כנזכר בזוהר ריש פרשת אמור, יעו"ש. ואם כן אין לכם בכו להלך, אמנם בכו בכו להלך, לאותו צדיק שכבר עסק בארבעה חלקי הפרד"ס. כי תיבת להלך היא חסר ו', ואם תחשוב תיבת להלך ארבעה פעמים עם ארבעה הכוללים, שהם כנגד ארבעה חלקי הפרד"ס, הם בגימטריא פרד"ס. **שזה הצדיק לא ישוב עוד וראה את ארץ מולדתו, כי על ארבעה לא אשיבנו.** שזהו פסידא דלא הדרא באמת, ונחסר לגמרי מן העולם הזה, עד כאן לשונו. ולכן חובה על כל אדם לעסוק בכל חלקי הפרד"ס, ובפרט בחלק הסוד, הנקרא פנימיות התורה, כמבואר בזוהר הקדוש כמובא בזוהר הקדוש פרשת נשא דף קכ"ד - **בהאי חבורא דילך דאיהו ספר הזוהר יפקון ביה מן גלותא ברחמי,** בזכות הלימוד בספר הזוהר הקדוש, יצאו בני ישראל מהגלות **ברחמים.** ועוד כל מי שחשקה נפשו ללמוד, אסור למנוע זאת ממנו, בסוד הפסוק[10] - אל תמנע טוב מבעליו, ועל כל אדם להיכנס לפרד"ס החיים.

משלי ג' כ"ז – אל תמנע טוב מבעליו בהיות לאל ידך לעשות.

אשרי האיש אשר לא הלך בעצת רשעים ובדרך חטאים לא עמד ובמושב לצים לא ישב. דע כי יהיו הרבה אנשים רשעים, שינסו למנוע מבני ישראל הקדושים ללמוד בכללות תורה, ובפרט את תורת הקבלה, מכל מיני סיבות ומניעות, והשטן מדבר מגרונם של אלו הרשעים. ואלו דברי קודשו של בעל שבט מוסר רבינו אליהו הכהן האתמרי זצלה"ה - ובהביטך בן אדם מה שעבר על אחרים למה תרדוף אתה אחר כל אלה הדברים הזרים, להשביע נפש מרורים ולמוסרה ביד צרים המה המקטרגים הצוררים, ולמה לא תחמול ועל נפשך ועל נועם תבנית צלם גופך למוסרו בידן ולהשליכו בתוך גחלי רתמים בטיט היון של גיהנם, להשחירו ולהתיכו כאשר ניתך הזפת בפני האש, אשר על כן תן עצה בנפשך **לברור בדרך החיים בעסק התורה והמצות**, וגם להצטער עצמך זמן קצוב הם חיי עולם הזה, כדי שתתענג זמן רב בלתי סוף ותכלית, ואל יעלה על דעתך כאשר עלה בדעת הרבה שנאבדו בידם באומרם כיון שמכיר אני בעצמי שאין בדעתי להבין ולהשכיל, איני עוסק בתורה, טועה הוא בדבר, שהרי הוא מחוייב לעשות מה שנצטוה לעשות, ואם יבין יבין, **שהרי והגית בו יומם ולילה כתיב** ולא כתיב ותבין בו, וכן תמצא בדברי התנא אם למדת תורה הרבה נותנין לך שכר הרבה, ואינו אומר אם הבנת הרבה, אלא למדת אמרו, ותשתדל להבין ואם תבין תבין, ואם לא שכר לימודך בידך, וכמאמר התנא לפום צערא אגרא, ומה גם שאמרו האדם איני לומד מפני שאיני מבין, **הוא פיתוי היצר**, יתמיד בלימודו וסוף הבינה לבא, שבראות קדוש ברוך הוא **חשקו בתורתו ודבקותו בה, פותח לו מעייני החכמה**, דכתיב - כי הוי"ה יתן חכמה מפיו דעת ותבונה. והנני מוסר לך דבר אשר תרדוף אחריה, ויהיה חיים לנפשך וענקים לגרגרותיך, **לעולם יהיה עיקר לימודך בדבר של תורה שליבך חפץ יותר**, אם בגמרא גמרא, ואם בדרוש דרוש, ואם ברמז רמז, **ואם בקבלה קבלה**, ורמז לדבר כי אם בתורת הוי"ה חפצו, כלומר תורת הוי"ה תלויה בדבר שלבו חפץ לעסוק, וכמו שמבאר האר"י זלה"ה בספר דרושי הנשמות והגלגולים פרק שלישי, וז"ל - יש בני אדם שכל חפצם ועסקם בפשטי התורה, ויש שעוסקם בדרוש, ויש ברמז, ויש גם כן בגימטריות, **ויש בדרך האמת**, הכל כפי מה שעליו נתגלגל בפעם ההוא, כיון שהשלים פעם אחרת בשאר העניינים, אין צורך לו שבכל גלגול יעסוק בכולם, עד כאן לשונו. **ואל תביט ותשגיח לדברי המתנגדים על מה שחשקת לעסוק בתורה** בגמרא או בפשט או בדרוש וכו', באומרם לך למה אתה מוציא כל ימיך בפרט זה של תורה ולא בפרט זה, משום שעל מה שחשקת ללמוד, על דבר זה זה באת לעולם, ואם תשים דעתך לדבריהם, יכריחוך להתגלגל בזה העולם פעם אחרת ולעבור נפשך בחרב חדה של מלאך המות ולטעום טעם מיתה, ולכן לא תשמע לדברי המשחית נפשך, **כי דע שהשטן מתלבש באלו האנשים לדאוג ולהצטער ולהכאיב נפש הלומד ועוסק בתורה**, בחלק שָׁאֲוְתָה נפשו לעסוק, כדי להבדילו משם שלא ישלים נפשו, על מה שבא להשלימה, ולהכריחו גלגולים אחרים, וכשם שבדבר שחושק יותר האדם ללמוד, משם יבין שעל דבר זה נתגלגל להשלים, כך צריך האדם שידע שורש נשמתו ומהיכן נמשך ועל מה בא לתקן ולהשלים, כמו שאמר בזוהר שיר השירים על הגידה לי את שאהבה נפשי וכו'. **וכדי שיבין יראה באיזה מצוה תקיף יצרו יותר לבטלה יתחזק בה לקיימה, כי בוודאי על מצוה זו נתגלגל**, וכדי שלא ישלים חוקו מנגדו יצרו לבטלה להוציאו מן העולם בידים ריקניות... ולכן לא תשמע לדברי רשעים אלו, אלא תשמע לדברי חיים.

חבר אני לכל אשר יראוך ולשמרי פקודיך. בסוף[11] עץ חיים מובא מספר כללים למהרח"ו, וז"ל - להאר"י זלה"ה. הרמב"ן וחבריו ודברי ראשונים כמו רבי נחוניא בן הקנה לא הזכירו רק עשר ספירות, ולא גילו ענייני פרצוף כלל. **ודע שהרמב"ן והראשונים היו יודעים בפרצוף**, אלא שדברו בהעלם גדול, לרוב הגלות שלא ניתן רשות לגלות, ולהתפשט האורות הגדולים, מאחר שגברו הקליפות, וכל זר לא יאכל קדש. **אמנם בעקבות משיחא כמו בדורינו זה התחילו האורות להתפשט להיות כבראשונה**, כמו שהיה בזמן העולם מתוקן ולהתתקן מעט. ומתחלה היו האורות סתומים, היה העולם מקולקל, וכל מה שנתקלקל נסתם בגלות, ולא היו משיגין אלא עשר ספירות בסתום, בסוד הנקודות, כל אחד כלול מעשר, ובעניין הפרצופים לא נתגלה להם כלל, לפי שמצאו בדברי הראשונים סתומים, ולא ידעו עומק הדברים, וחשבו שכך הוא ודברו בעשר ספירות כל אחד כלול מעשר ובבחינות הרבה, ולפי שראיתי מי שחולק על דברים אלו לאמור שלא מצינו אלא עשר ספירות, ומהיכן יש לשלוט כח לאמור כמה פרצופים שנמצא יותר מעשר ספירות, ומספר רב והלא הראשונים כתבו בספר יצירה - עשר ולא תשע, עשר ולא י"א, לזה באתי לפתוח לך כחודא דמחטא, אולי תזכה להבין מקצת, וכולו לא תשורנו עין, וזהו. ובהקדמתו[12] הקדושה כותב הרב ז"ל - והנה אין בכל דור ודור שלא נמצאו בו אנשים יחידי סגולה ששרתה עליהם רוח הקודש, והיה אליהו הנביא ז"ל נגלה עליהם, **ומלמד אותם סתרי החכמה הזאת**, וכמו שנמצא כתוב בספרי המקובלים, גם בעל ספר הרקנטי כתב בפרשת נשא בפרשת ברכת כהנים..... ואנשי לבב שמעו לי, אל יהרסו אל הוי"ה, **לראות בספרי האחרונים הבנויים על פי השכל האנושי**, ושומע לי ישכון בטח ושאנן מפחד רעה. ולכן אני הכותב הצעיר חיים וויטאל, רציתי לזכות את הרבים **בהעלם נמרץ והמשכילים יבינו**, וקראתי שם החבור הזה על שמי **ספר עץ חיים**, וגם על שם החכמה הזאת העצומה, חכמת הזוהר, הנקרא עץ חיים, ולא עץ הדעת כנזכר לעיל, בעבור כי בחכמה הזאת טועמיה חיים זכו, ויזכו לארצות החיים הנצחיים, **ומעץ החיים הזה ממנו תאכל, ואכל וחי לעולם**. ואשכילך ואורך דרך זו תלך דע מן היום אשר מורי זלה"ה החל לגלות זאת החכמה, **לא זזה ידי מתוך ידו אפילו רגע אחד**, וכל אשר תמצא כתוב באיזה קונטריסים על שמו ז"ל, ויהיה מנגד מה שכתבתי בספר הזה, **טעות גמור הוא, כי לא הבינו דבריו, ואם יש בהם איזה תוספות שאינו חולק עם ספרינו זה, אל תשית לבך בקבע אליו, כי שום אחד מהשומעים את דברי קדשו, לא ירדו לעומק דבריו וכוונתו, ולא הבינום**, בלי שום ספק. ואם יעלה בדעתך לחשוב שתוכל לברור הטוב ולהניח הרע, אל בינתך אל תשען, כי אין הדברים האלו מסורים אל לב האדם כפי שכל אנושי, והסברא בהם סכנה עצומה, ויחשב בכלל קוצץ בנטיעות חס ושלום, לכן הזהרתיך ואל תסתכל בשום קונטרסים הנכתבים בשם מורי זלה"ה, זולתי במה שכתבנו לך בספר הזה, **ודי לך בהתראה זאת**, אלו הם דברי קודשו. ועלינו ללמוד אך ורק בתורת מורינו חיים.

אני קראתיך כי תענני אל הט אזנך לי שמע אמרתי. עוד כתב הרב ז"ל בהקדמתו תנאים כדי לזכות לחכמה הקדושה הזאת, וז"ל - אני הכותב משביע בשמו הגדול יתברך, לכל מי שיפלו

---

[11]

ע"ח ח"ב דקי"ט ע"א.

[12]

ע"ח ד"ד ע"ב.

הקונרטסים אלו לידו, שיקרא הקדמה זאת, ואם אותה נפשו לבוא בחדרת החכמה זאת, יקבל עליו לגמור ולקיים כל מה שאכתוב ויעיד עליו יוצר בראשית, שלא יבוא אליו היזק בגופו ונפשו, ובכל אשר לו, ולא לאחרים. תחת רודפו טוב והבא לטהר ולקרב. **ראשית הכל יראת הוי"ה, להשיג יראת העונש, כי יראת הרוממות, שהוא יראה הפנימית, לא ישיגוהו רק מתוך גדלות החכמה**, ועיקר מגמתו בידיעה הזה יהיה לבער קוצים מן הכרם, כי לכן נקראים העוסקים בחכמה הזאת מחצדי חקלא. **ובודאי שיתעוררו הקליפות נגדו לפתותו ולהחטיאו, לכן יזהר שלא לבוא לידי חטא אפילו שוגג**, שלא יהיה להם שייכות בו, לכן צריך ליזהר מהקלות, כי הקדוש ברוך הוא מדרדק עם הצדיקים כחוט השערה, לכן צריך לפרוש עצמו מבשר ויין כל ימות השבוע, **וצריך הזהרת סור מרע ועשה טוב**, ובקש שלום. בקש שלום צריך להיות רודף שלום, ולא להקפיד בביתו על דבר קטן וגדול, וכל שכן שלא יכעוס ח"ו.

<u>וצריך להתרחק בתכלית הריחוק סור מרע.</u>

א. ליזהר בכל דקדוקי מצות, ואפילו בדברי חכמים, שהם בכלל לא תסור.

ב. לתקן המעוות קודם שיבא לעולם הבא.

ג. יזהר מהכעס, אפילו בשעה שמוכיח את בניו, לא יכעוס כלל ועיקר.

ד. גם צריך ליזהר מהגאוה, ובפרט בענין הלכה, כי גדול כחה והגאוה, בזה עון פלילי.

ה. בכל צער שיבא לו, יפשפש במעשיו וישוב אל הוי"ה.

ו. גם יטבול בעת הצורך לו.

ז. גם יקדש את עצמו בתשמיש המטה שלא יהנה.

ח. שלא יעבור כל לילה ויחשוב בכל לילה מה שעשה ביום, ויתודה.

ט. גם ימעט בעסקיו ואם אין לו פרנסה כי אם על ידי משא ומתן, יכין יום שלישי ויום רביעי, מחצי היום ואילך, ובכוונה שהוא לעבודת קונו.

י. כל דבור שאינו של מצוה והכרחי, יהיה זהיר ממנו, ואפילו דבר מצוה ימנע בשעת התפלה.

<u>ועשה טוב</u>

א. לקום בחצי הלילה, ולעשות הסדר בשק ואפר ובכי גדול, ובכוונה כל אשר יוציא בשפתיו. ואחר כך יעסוק בתורה כל זמן שיוכל להיות בלי שינה, ובלבד שחצי שעה קודם עלות השחר יתעורר לעסוק בתורה.

ב. ילך לבית הכנסת קודם עלות השחר, קודם חיוב טלית ותפילין, להיזהר שיהיה מעשרה ראשונים.

ג. קודם שיכנס, ישים אל לבו מצות עשה ואהבת לרעך כמוך, ואחר כך יכנס.

ד. להשלים רמז צדיק בכל יום. שהוא צ' אמנים, ד' קדושות, י' קדישים, ק' ברכות.

ה. שלא להסיח דעתו מהתפילין בעת התפילה, זולת בעת העמידה ועסק התורה.

ו. צריך שיהיה עוסק בתורה, מעוטף בטלית ותפילין.

ז. לכוין בתפלה הכוונות, כמו שנבאר בע"ה.

ח. שישים תמיד נגד עיניו שם בן ארבעה אותיות הוי"ה, ויזדעזע ממנו, כמו שכתוב - שויתי הוי"ה לנגדי תמיד.

ט. שיכוין בכל הברכות, בפרט בברכת הנהנין.

י. צריך שיהיה עמל בתורה פרד"ס, שנאמר או יחזיק במעוזי, ואל יחשוב שיגלו לו רזי התורה בהיותו ריק, כדכתיב - יהב חכמתא לחכימין, וצריך ליזהר שלא יוציא בשפתיו בחכמה זו, מה שלא שמע מאדם שראוי לסמוך עליו, וכאזהרת רשב"י וחבריו. השגת החכמה תנאי הראשון, צריך למעט דבורו, ולשתוק, כל מה שיוכל כדי שלא להוציא שיחה בטילה, כמאמר רז"ל - סייג לחכמה שתיקה. גם תנאי אחר, על כל דבר תורה שלא תבינהו, תבכה עליו כל מה שתוכל. גם עלית הנשמה בלילה לעולם העליון, שלא תשוט בהבלי העולם, תלוי שתישן בבכיה. ומרת עצבות מגונה עד מאוד, ובפרט להשיג חכמה, והשגה אין לך דבר מונע השגה יותר מזה. גם בענין השגת האדם, אין לך דבר שמועיל כמו הטהרה והטבילה, שיהיה האדם טהור, בכל עת ומורי זלה"ה עם היות שהיה לו חולי השבר שהקור מזיק לו, עם כל זה לא היה מונע מלטבול בכל עת, עד כאן דברי קודשו. ועלינו לקיים את בקשת הרב ז"ל את הבחינות של[13] סור מרע ועשה טוב, כדי לטפס בעץ החיים.

מרן הרש"ש[14] מעיד על עצמו, וז"ל - וראיתי מה שכתבו מעלת כבוד תורתם, על ענין עבודת הוי"ה שקצרתי במקום שהיה ראוי להרחיב מעט הדיבור, אמת הוא כי לכתחילה קצרתי בו, **יען ראיתי כמה מהנזק יצא ממה שכתבו בזה המקובלים שקדמו, כי רבים חללים הפילו, וחללו כבוד הוי"ה, וכבוד התורה. הוי"ה יכפר בעדם, כי כל דבריהם לא על פי התורה הם, ואינם מיוסדים על האמת, ומהם יצאו אבות, ומאבות תולדות הריסת יסודי התורה ח"ו**, הוי"ה יכפר. **וכל זה לא שלמדתי בדבריהם ח"ו**, אלא שפעם אחת הוכרחתי בעל כרחי לעיין בדף אחד שכתוב בו קצור מה שכתבו בענין זה, **וכמעט שקרעתי בגדי לראות דברים אשר לא כן על הוי"ה.** הוי"ה יכפר, וכבר מילתי אמורה להם, **כי עידי בשמים כי כל עסקי ולמודי, אינו רק בדברי האר"י זלה"ה, ותלמידו מהרח"ו ז"ל לבדם, ובלעדם אין לי עסק בשום ספר מספרי המקובלים ראשונים ואחרונים, ואפילו בדברי שאר תלמידי האר"י ז"ל לא למדתי, וכשיזדמן לפני דבר מדבריהם, אני מדלגו.** כי על כן איני כמזהיר, אלא כמזכיר, למען הוי"ה אל יהי לכם מגע יד בדבריהם, ובפרט בענין זה, השמרו לכם פן יפתה לבבכם, **אלא כל לימודם לא יהיה אלא בעץ חיים ובספר מבוא שערים ובשמונה שערים המפורסמים**, שכולם דברי אלהי"ם חיים. ואני קצרתי בענין זה כל מה שאפשר, כי יראתי פן יפלו דפים אלו ביד מי שעדיין לא למד דברי האר"י ז"ל כראוי, **ויחשידני שלמדתי בספרים אחרים, ולא כן הוא כאמור**, ולכן קצרתי בו, ופיזרתי בהקדמה, עד כאן דברי קודשו של מרן הרש"ש. ואנחנו תפילה שיתגלה משיח צדיקנו במהרה בימינו, ומלאה[15] הארץ דעה את הוי"ה כמים לים מכסים, דעת תורת החיים.

13

תהלים ל"ד ט"ו – סור מרע ועשה טוב בקש שלום ורדפהו.

14

נהר שלום דף ל"ד ע"א.

15

ישעיהו י"א ט' – לא ירעו ולא ישחיתו בכל הר קדשי כי מלאה הארץ דעה את הוי"ה כמים לים מכסים.

כתב רבינו גאון הקבלה רבי אליהו מני, רבו של הרי"ח הטוב, רבי יוסף חיים בעל הספר "בן איש חי", בספרו הקדוש **כסא אליהו** כי על הלומד ללמוד כל מאמר ומאמר ארבעה חמשה פעמים בלי המפרשים, וינסה להבין את המאמר בעצמו. ואחר כך ילך לראות אם כיוון לדעת המפרשים.

וכן אני הקטן מבקש בכל לשון של בקשה, ללמוד את הדרוש כמו שהוא מובא בספר עץ חיים, ארבעה חמישה פעמים, כדי לנסות להבין את הדרוש. וכל דרוש מובא בתחילת הספר במלואו.

אחר כך יכנס ללמוד את הדרוש עם ביאור הדברים, עוד ארבעה חמישה פעמים, ואחר כך יראה את המקורות להגהות, ודברי רבותינו הקדושים, עם התרשימים וטבלאות.

ואז יעלה ויצליח בלימוד תורת האר"י החי.

כתב רבינו **השד"ה** רבי שאול דוויק הכהן, בהקדמת ספרו איפה שלימה, על אוצרות חיים וז"ל - וכדי שיוכל לעלות לימודו למעלה, ריח ניחוח לה'. קודם כל לימוד ימסור עצמו על קדושת ה', כי זה מועיל מאוד, כמו שכתוב בשער הכוונות דף כ"ד ע"ב, כי עתה בזמנינו בעוונותינו הרבים אין יכולת לעשות זווג כתיקונו למעלה, ולסיבה זו הקץ מתארך וכו'. אמנם עם כל זה יש קצת תיקון במה שנמסור נפשינו על קידוש ה' בכל הלב, כי על ידי כן אפילו אין בנו שום מעשים טובים, והרשענו עד להפליא. הנה על ידי מסירת נפשינו להריגה, מתכפרים עוונותינו כולם, ויש בנו יכולת לעלות עד אימא עילאה, כמו שאמרו חז"ל - גדולה תשובה שמגעת עד כסא הכבוד, שנאמר - שובה ישראל עד ה' וכו', עד כאן דבריו.

וזה הסדר

יקבל עליו ארבע מיתות בית דין, מארבעה אותיות הוי"ה וארבעה אותיות אדנ"י, וליחדם על ידי ארבעה אותיות אהי"ה ועל ידי עסמ"ב

יוד הי ויו הי	**א**	י	סקילה	וליחדם על ידי **א**	
יוד הי ואו הי	**ד**	ה	שרפה	וליחדם על ידי **ה**	
יוד הא ואו הא	**ג**	ו	הרג	וליחדם על ידי י	
יוד הה וו הה	**י**	ה	וחנק	וליחדם על ידי **ה**	

לְשֵׁם יִזּוּד

קֻדְשָׁא בְּרִיךְ הוּא וּשְׁכִינְתֵּהּ

יאהדונהי

בִּדְחִזִילוּ וּרְחִזִימוּ   וּרְחִזִימוּ וּדְחִזִילוּ

יאההויהה   איההיוהה

לְיַחֲדָא אוֹתִיּוֹת י"ה בּו"ה, בְּיִחוּדָא שְׁלִים

יהו"ה

בְּשֵׁם כָּל יִשְׂרָאֵל, לְאַקָמָא שְׁכִינְתָּא מֵעַפְרָא, הָרֵינִי לוֹמֵד בַּסֵּפֶר קַבָּלָה פְּלוֹנִי שֶׁהוּא כְּנֶגֶד תִּפְאֶרֶת דז"א בְּעוֹלָם הָאֲצִילוּת שֶׁבּוֹ שֵׁם מ"ה כְּזֶה יוֹ"ד ה"א וָא"ו ה"א לַעֲשׂוֹת מֶרְכָּבָה. וִיהִי רָצוֹן מִלְּפָנֶיךָ ה' אֱלֹהֵינוּ וֵאלֹהֵי אֲבוֹתֵינוּ שֶׁתְּזַכֵּךְ רוּחֵנוּ וְנַפְשֵׁינוּ שֶׁיִּהְיֶה רְאוּיִם לְעוֹרֵר מַיִן תַּתָּאִין עַל יְדֵי קְרִיאַת סֵפֶר הַקַּבָּלָה הַזֹּאת. וִיהִי נֹעַם יְהֹוָה אֱלֹהֵינוּ עָלֵינוּ וּמַעֲשֵׂה יָדֵינוּ כּוֹנְנָה עָלֵינוּ וּמַעֲשֵׂה יָדֵינוּ כּוֹנְנֵהוּ.

בָּרוּךְ ה' לְעוֹלָם אָמֵן וְאָמֵן, נֶצַח, סֶלָה, וָעֶד.

שער ה' פרק ז'

וזהו כת"י הרב ז"ל ומזכיר בו דרוש דלעיל.

אמ"ש בג"ד כפר"ת.

הנה נודע מן הכתוב לעיל כי אמ"ש הם ג"ר שהם יסודות אל ז"ת ובג"ד כפר"ת הם ז"ת יען שיש בהם הדין ורחמים שהם אור ישר ואור חוזר שהם בחי' עצמן רחמים ובחי' מלכות שבכל אחד וא' הוא דין לכן הם כפולות וי"ב פשוטות הם ספי' ת"ת לבד שהוא א' מז' כפולות עצמן נחלקת לי"ב חלקים שהם י"ב פשוטות. והיותם י"ב הוא כי כל ז"ת נשרשים בגוף שהוא הת"ת והז' כפולות עם ת"ת בעצמו יהיה א' אך הז"ת זולת ת"ת בהיותן כפול הם י"ב נמצא כי הת"ת בעצמו הוא מב' בחי' שהוא אות (א') ר' מבג"ד כפר"ת והיא כפולה. עוד יש בו י"ב שרשים של ו"ת שהם כפולות והם י"ב ונכללין בת"ת וא לו י"ב פשוטות נקרא י"ב גבולי אלכסונים בס"י כי מאחר שהם עצמן בחי' ו"ת כפולות אשר בת"ת א"כ צריכין להיות מצויירין שם בציור גבולי אלכסוני' כי חלק א' גבול א' שבו יהיה נוטה באלכסון נגד ספי' החסד וחלק גבול הב' יהיה עומד ונוטה נוכח ספי' הגבורה ועד"ז כולם כדי שאלו י"ב חלקי הת"ת יהיו נוטים פניהם נגד הו"ס שהם שרשים לאלו י"ב חלקי' שבת"ת כי הרי מהם לינק בחי' חסד שבת"ת צריך שיהיה בקו ימין הת"ת בראשית הקו ויהיה נחלק לב' חלקים כפולים דגש ורפה ובסוף קו הימין דת"ת יהיה בו ב' חלקים דנצח וכיוצא בזה בשאר. ודע כי גם ביסוד יש בו שנים עשר בחי' גבולי אלכסונים אלו כי כל הז"ת צריך שיהיו נרשמים בו בסוד אלה תולדות יעקב יוסף וז"ס וקרא זה אל זה י"ב בי"ב דת"ת ודיסוד ואלו הי"ב גבולי אלכסון דיסוד הם בחי' י"ב מזלות עצמן ובחי' ז' ככבי לכת הם מפאת עצמן ולא מבחי' התכללותן ביסוד וענין היותם י"ב פשוטות הוא שהרי הם בחי' ז' הרומזים בת"ת או ביסוד בהיותם כפולות ולכן עלו בחשבון י"ב וע"כ הם י"ב פשוטות כי ו' כפולות הם י"ב פשוטות וע"כ הי"ב אינם כפולות רק פשוטות לבד.

הכלל העולה כי י"ס יש בהם י' אותיות אות א' בכל ספי' על סדר זה והם י' אותיות הנזכר אמ"ש בג"ד כפר"ת א' הוא כתר שהוא א' והוא אות א' מן אל"ף בי"ת ות' במלכות שהיא אחרונה וכן ת' היא אחרונה בא"ב נמצא כי ד' שהוא בת"ת ובת"ת זה יש בו י"ב אותיות פשוטות שהם בחי' ז' אותיות בג"ד כפר"ת כפולות ועתה הם י"ב פשוטות וז"ס מ"ש בפ' פקודי בהיכל רצון שהוא כולל שית היכלין אחרנין בגווה שהם ו' כפולה ונעשין י"ב בסוד ו"ו כי ת"ת נק' ו' כנ"ל בענין ז' כפולות וי"ב פשוטות. והנה האותיות הם כחות אצילות ועצמות הספי' וסוד המלכות והצירופים (נ"א כח אצולים מעצמות הספי' וסוד המלות והצירופים) שבס"י. הענין הוא שכל הכחות לא יפעלו אלא בסוד חזרתן וצירופם אל מקוריהם ואז יושפע עליהם שפע רב וחזק לשיוכלו הם לפעול פעולתן בחוזק. וז"ס המליך את פלוני הנזכר בס"י כי יחדה וקשרה אל שרשה ואז הוציא פעולה אחת ממנה וי' אותיות הנ"ל כוללת כל הכ"ב והם אמ"ש בג"ד כפר"ת כנזכר בסוד י"ס כסדרן מלמעלה למטה (נ"א מלמטה למעלה) י"ב פשוטות הם י"ב גבולין וסוד אמ"ש וי"ה הם ג"ר וטעם הקדמת א' באמ"ש כי גם (כי) כל הדברים מורכבים מאש מים ורוח עכ"ז עיקר הכל הוא ע"י הרוח שהוא אות א' לכן בזכר וי"ה רוח מים אש כי

הרוח עולה על הכל ואחריו מ' מים שהוא חסד ואחריו ש' אש שהוא דין וזהו אמ"ש. והנקבה בהפך ממש כי בא ממטה למעלה והוא אש"ם וה"י וכשהמליך אות מ' תחלה זכר מא"ש וא' קודם אל ש' יו"ה והנקבה מש"א יה"א וכשהמליך ש' בזכר שמ"א כי להיות שעיקרו ש' שהוא דין הקדים ש' אל מ' הי"ו. אמנם להיות כי המים רחמים גמורים מן הרוח שהוא ממוזג לכן הקדים מ' אל א'. אך הנקבה שא"מ הו"י.

[דכ"ד ע"א 47]

¹⁶וזהו כתב יד הרב ז"ל ומזכיר בו דרוש ללעיל.

פרק ז'

דרוש זה מקורו מספר קהילת יעקב וצריך לכתוב מ"ב בראש הדרוש.

¹⁷אמ"ש בג"ד כפר"ת.

בפרק הקודם פרק ו'¹⁸ דשער זה, הרב ז"ל ביאר כי אותיות אמ"ש הם בכל שיעור קומה, ועוד ביאר הרב ז"ל כי אותיות בג"ד כפר"ת הם השבעה נקבי הראש, והי"ב האותיות הפשוטות הם מנהיגי הגוף. כאן הרב ז"ל מבאר רובד אחר בספר יצירה, ורובד זה לא סותר ח"ו¹⁹ את הפרק הקודם. בפרק זה אותיות אמ"ש הם חב"ד, אותיות בג"ד כפר"ת הם ז' תחתונות, והי"ב האותיות הפשוטות הם בחינת אור ישר ואור חוזר דפנימיות התפארת או היסוד²⁰.

16

הגהה זאת מרב יעקב צמח זצ"ל.

17

הגהות וביאורים (ט) – עיין בשער הליקוטים פרשת ויצא, ופרשת וישב.

18

ע"ח ש"ה פ"ו דכ"ו ע"ד – והנה נאמר בספר יצירה כי אמ"ש הם באופן זה, כי ג"ר הם ג' קוים של **ש'**, כי ראש נברא מאש. ו**א'** כוללת ג' אמצעיות חג"ת, כי גוייה נבראת מרוח, והם ח"ג ב' יודין דא'. ו' מן **א'** דא תפארת באמצעיתא, כנזכר בספר הזהר בכמה מקומות. **מ'** פתוחה ביסוד בכללות ג' תחתונות, כי בטן נברא ממים כו'. ואותיות בג"ד כפר"ת הם (בז' אותיות דג"ר כי הם) בז' נקבי הראש, ג' אזן ימין, חכמה. ג' אזן שמאל, בינה. ד"כ עיינין, נצח הוד. פ' ר' חוטם, תפארת דעת. ת' פה, מלכות שבראש. י"ב פשוטים ה' בחסד ז' בגבורה (נ"א ו' בגבורה) ב' ידים. וכן על דרך זה כל הי"ב פשוטים בו"ק הגוף.

19

זה שכתב הרב ז"ל בפרק ו' דשער זה כי אותיות אמ"ש הם בכל שיעור קומה, כאשר אות ש' בג"ר, אות א' בחג"ת, ואות מ' בנה"י, לא סותר את הסוגיה בפרקין, ומבואר בפרק ו' כי אותיות אמ"ש הם בשיעור קומה של חב"ד. ר"ל כי חב"ד מתחלקים לג' פרקין, כאשר ג' הפרקין הראשונים נקראים חב"ד דחב"ד, והג' הפרקין האמצעיים נקראים חג"ת דחב"ד, והג' פרקין תחתונים נקראים נה"י דחב"ד. יוצא לפי זה כי אות ש' היא בחב"ד דחב"ד, אות א' בחג"ת דחב"ד, ואות מ' היא בנה"י דחב"ד.
תרשים ז – א.

20

כרם שלמה ש"ה פ"ז אות א' – הנה נודע מן הכתב לעיל כי אמ"ש הם ג"ר שהם יסודות אל ז' תחתונות, ובג"ד כפר"ת הם ז' תחתונות. הנה מה שכתב נודע מן הכתוב לעיל כי אמ"ש הם ג"ר וכו', אף על פי שלעיל כתב כי ג"ר הם אות **ש'**, וכן השאר, והבג"ד כפר"ת הם בשבע נקבים שבראש וכו', והכל היפך ממה שכתב כאן. אלא לעיל מיירי באותיות שנצטיירו הספירות על ידם, היינו שהראש נצטייר על ידי אות **ש'**, והגויה שהם חג"ת נצטיירה על ידי אות **א'**, והנה"י נצטיירו על ידי אות **מ'**, וכן הבג"ד כפר"ת נצטיירו על ידם הז' נקבים שבראש, כמו שמפורש לעיל. וכן הי"ב פשוטים נצטיירו על ידם מנהיגים של הגוף. וכאן מיירי בפרק הזה על האותיות הניתנות באותם הספירות, והוא אחר, שנצטיירו באותם האותיות הנ"ל, ניתנו ונקבעו בהם של שמונה אותם בפרקין, דהיינו אות פלונית בספירה פלונית, ואות פלונית בספירה פלונית. דהיינו

הִנֵּה נוֹדָע מִן הַכָּתוּב לְעֵיל בפרק ו' דשער ה' **כי** אותיות **אבו"ש הם ג"ר** והם חב"ד, **שהם**[21] ג' קווים, אות א' הרומזת לרוח קו האמצע, תפארת. אות מ' הרומזת למים קו ימין, חסד. ואות ש' הרומזת לאש קו שמאל, גבורה. והם **יסודות** ושרשים **אל ז'** ספירות **תחזתונות, ואותיות**[22] **בג"ד כפר"ת** שהם אותיות כפולות, הם באים לפעמים עם דגש, ולפעמים עם רפה **הם ה'** ה' ספירות **התחזתונות**[23], **ויען**[24] **ש**באותיות[25] בג"ד כפר"ת **יש בהם** בחינת[26] **דין**[27] ובחינת רוזמים, **שהם אור ישר** והוא בחינת

להכתר ניתן לו אות א', ולחכמה ניתן אות מ', ולבינה אות ש'. וכן הבג"ד כפר"ת ניתנו לי"ב גבולי אלכסונים של התפארת או של היסוד.
21

בית לחם יהודה ש"ה פ"ז – שהם יסודות אל ז' תחתונות. כי הם ראשי הג' קוים דימין, ואמצע, ושמאל.
22

בית לחם יהודה ש"ה פ"ז – ובג"ד כפר"ת הם ז' תחתונות. שהם חג"ת ונהי"ם של הגוף, ואינם בנקבי הראש, כפירוש פרק ו' דלעיל.
23

הרב ז"ל ביאר בפרק הקודם כי אותיות בג"ד כפר"ת הם בנקבי הראש, כאן הרב ז"ל מבאר כי אותיות בג"ד כפר"ת הם בז' הספירות התחתונות, כאשר אות ב' חסד, אות ג' גבורה, אות ד' תפארת, אות כ' נצח, אות פ' הוד, אות ר' יסוד, ואות ת' מלכות.
תרשים ז – ב.
24

בית לחם יהודה ש"ה פ"ז – יען שיש בהם דין. צ"ל ויען בתוספת ו' לפי שהוא נמשך למטה, והדין שבהם הם בג"ד כפר"ת הדגושות, והרחמים הם בג"ד כפר"ת הרפות.
25

כרם שלמה ש"ה פ"ז אות ב' – יען שיש בהם דין ורחמים, שהם אור ישר ואור חוזר, שהם בחינת עצמן רחמים, ובחינת מלכות שבכל אחד ואחד הוא דין, לכן הם כפולות, עד כאן. הרב ז"ל בכאן בא ליתן טעם למה הם כפולות, דהיינו שמורים שהם ב' בחינות, כי כלל זה הוא ידוע אצל בעלי הדקדוק שכל דגש וחיזוק הוא מורה על אות שהיא כפולה, דהיינו שהיא ראוי להיות זאת האות המוחזקת במקום ב' אותיות דוגמתו, ועל ידי החיזוק שהונח בה זה משלים מקום האות האחרת. ולמה זה נעשה כך ולא הונחה אות דוגמתה ויהיו ב' אותיות דומות זה לזה, לזה אמר שהדגש הוא חזק שמורה על בחינת הדין שבאותה בחינה, ונקרא אור חוזר, ופירוש שהיא בחינת מלכות שבאותה בחינה, ולזה נרמזה הדגש בה לבד ודייה בזה. אם כן נמצא שהם שתי בחינות, ולזה אלו האותיות בג"ד כפר"ת פעמים שהם רפה, דהיינו בלי דגש, והם מורים על בחינת אור ישר שבהם, דהיינו הט' ספירות העליונים שבהם, שהם כולם בחינת דוכרא שבהם לגבי המלכות שלהם, הם גם כן בחינת המ"ה הכולל שלהם, כמו שפירש הרב החסיד תורת חכם בדף פ"ו ע"א. ופעמים שאלו האותיות הבג"ד כפר"ת הם בחינות בדגש, ואין אותיות אחרים בכל הכ"ב אותיות מורים כשיש בהם חיזוק במוצא של מבטא אחר כמו אלו, כי **הכ'** כשהוא רפה הוא המבטא שלו במוצא מן הרפה חלוק מן שהוא בזמן שיש בו דגש, וכן השאר השישה אותיות, והם מורים על בחינת הנוקבא, שהיא המלכות שבכל בחינה ובחינה שבהם, כי כל אות הוא פרצוף גמור בן עשר ספירות, כמו שמוכחה הכא מדבריו ז"ל שכתב - ובחינת מלכות שבכל אחד ואחד הוא דין וכו', והם נקראים אור חוזא שבהם, והם הבחינות הב"ן הכולל שבהם, כמו שפירש הרב תורם חכם ז"ל בדף פ"ו ע"א. והטעם שנקרא הב"ן אור חוזר, ומלכות הוא כמו שכתבנו לעיל כי הוא אור שיצא מבחינת העינים דרך חזרה מנה"י דא"ק, שהוא בחינת מלכות דא"ק, ויען שהמלכות היא דין, לזה נרמזה בהנקודה לבד, שהוא הדגש, כדי שתתקיים העולם ולא יתגלה הדין יותר מדאי, כי העולם הזה הוא מתנהג על ידי שם מ"ה, כמו שכתוב בשער התיקון פרק ג', והוא מתקן עכשיו לשם ב"ן, ולזה הוא הגובר והוא המתגלה יותר, שהוא בבחינת אותיות ממש, מה שאין כן הב"ן שלא נרמז כי אם בבחינת נקודה לבד. ומזה הטעם שהמלכות נרמזה לפעמים בנקודה לבד, בסוד אל תראוני שאני וכו', ולעתיד עתידה המלכות להתתקן ולהשתלם, ואין נשאר דין בעולם, והכל רחמים, בסוד והיה הוי"ה לאור יומם וגו'.

דכורא, שם מ"ה, **ואור זוזר** והוא בחינת נוקבא, שם ב"ן. הרב ז"ל מבאר שכל אות מאותיות בג"ד כפר"ת היא באחד מז' הספירות התחתונות, וכל ספירה וספירה היא בעלת שיעור קומה של עשר ספירות, כאשר הט' ספירות העליונות נקראים רחמים בערך המלכות שבכל ספירה וספירה, והמלכות שבכל ספירה וספירה נקראת דין בערך הט' ספירות העליונות[28]. לכן אותיות בג"ד כפר"ת **שהם בבזינֹת עֹצמֹן** ר"ל עצמותם שהם ט' ספירות העליונות של ז' הספירות התחתונות, נקראים **רֹזֹמֹים** והם האותיות הנקראות ברפה, בערך המלכות שלהם, שהם האותיות הנקראות בדגש, **ובבזינֹת**[29] **מלכות שבבכל אזֹד ואזֹד** מז' הספירות התחתונות **הֹוא דֹין** והם האותיות הנקראות בדגש, ערך ט' הספירות העליונות שבכל ספירה הנקראות ברפה, **לכן הם כפולות** כאשר

---

²⁶

ע"ח ח"ב שכ"ח פ"ב מ"ת די"ח ע"ד – והענין, כי הנה היניקה זאת הם יונקים מן השדים ודדים של אימא, ונודע כי בחינת הדדים נקרא שם שדי, והנה נתבאר אצלינו כי שדי הוא גימטריא הוי"ה שארבע אותיות הוי"ה הם כ"ו, גם נעשים בחינת ע"ב, גם בחינת רי"ו, שהם שלוש פעמים ע"ב, כמבואר אצלינו על פסוק - ויעבור הוי"ה על פניו ויקרא. ושם נתבאר כי שלוש בחינות אלו הם גימטריא שד"י, שהם כ"ו, ע"ב, רי"ו, אשר מקומן בג' קוין של חג"ת, כי בתפארת הוא שם הוי"ה עצמה, שהוא כ"ו. וחסד הוא גימטריא ע"ב. וגבורה הוא גימטריא רי"ו. לכן מקום הדדים הם בחזה, שבין חג"ת, וכל בחינותו יחד הם שד"י. ומזה השם של שד"י שהוא בדדים של אימא יונק ז"א ומתפשט, ונתקנו השלוש קצוות ראשונים שלו, שהם חג"ת, אשר יש בהם ע"ב, רי"ו, כ"ו, גימטריא שד"י כנזכר לעיל. ואחר כך גם נה"י שבו ינקו משם, ונעשו ע"ב, רי"ו, כ"ו, אחרים. כנודע כי כל מה שיש בחג"ת יש בנה"י, אלא שבבחינת חג"ת הם רחמים, **ונקרא שד"י ברפה**, בסוד - בין שד"י ילין, שהם מקום הדדים ממש. ובנה"י **נקרא שד"י בדגש**, בסוד - א"ל שד"י כנודע, לפי שהוא יותר דינין כנודע. **כי הדגש ורפה הם דין ורחמים**. והנה נמצא כי גם בבחינת יניקה נמשך מסוד ע"ב רי"ו, שהם אותיות עיבור, **ודי בזה**.

פרדס רמונים, שער ג' פ"ה די"ג ע"ג – שבעה כפולות, הן שבע ספירות הבנין, שהן כפולות, **מורכבות מדין והרחמים**, שהרמז אליהן בג"ד כפר"ת שמקבלות. **דגש דהיינו דין, ורפה דהיינו רחמים.**

ברכת הרי"ח, הפטרת שבת הגדול – והנה נודע מה שכתוב בזוהר הקדוש - בי"ת מורה על ברכה. אך ידוע שיש בי"ת בדגש, ובי"ת ברפה, כי הבי"ת היא מן **אותיות בג"ד כפר"ת**, שהם **יש בהם בדגש, ויש מהם ברפה**. וידוע כי **הדגש מורה על דין, והרפה מורה על רחמים**. ואם כן השתא לפי האמור, שיש שני מיני שפע טובה וברכה, שהם האחד יש בו תערובת דין, שישיגו האדם על ידי יגיעה רבה. והאחד רחמים גמורים, שישיגנו האדם בלתי יגיעה. לכן השתא אתי שפיר מה שיש באות בי"ת שני מינים, אחד בדגש מורה על שפע שיש בו תערובת דין. ואחד ברפה, מורה על שפע שכולו רחמים גמורים.

²⁷

הגהות וביאורים (י) – נמצא שעל ידי הרפה מוחין דאור ישר, שהוא דכורא, שם מ"ה. ועל ידי הדגש, מוחין של שם ב"ן הכולל הנקרא נוקבא, ואור חוזר. עיין זהר חדש דף פ"ו ע"א.

²⁸

אותיות בג"ד כפר"ת הנקראות ברפה הם בחינת רחמים, והם אור ישר, והם בחינת ט' ספירות עליונות בכל אחת מהז' ספירות התחתונות. ואותיות בג"ד כפר"ת הנקראות בדגש הם בחינת דין, והם אור חוזר, והם בחינת המלכות שבכל אחת מהז' ספירות התחתונות. והיא בחינת הזרקא שהרב ז"ל ביאר בפרק ה' ובפרק ו' דשער ה'.

תרשים ז – ג.

ע"ח ש"ה פ"ה דכ"ה ע"ג - וכד אית בישראל משכילים בחכמה, דאיהו יו"ד, מחשבה עלאה ידעין לזרקא להאי אבנא, להההיא אתר דאתגזר.

²⁹

בית לחם יהודה ש"ה פ"ז – ובחינת המלכות שבכל אחד ואחד הוא דין. כי כל ספירה וספירה מז' תחתונות היא כלולה מעשר נקודות, שהם חב"ד, חג"ת, נהי"מ, וז' מלכיות שבהם הם בג"ד כפר"ת הדגושים, והכוונה על הכלים, ולא על אור הפנימי, כי האותיות הם בחינת הכלים.

בחינת ט' הספירות העליונות רחמים, והם אור ישר, ובחינת המלכות היא אור חוזר ♦ בפרק הקודם פרק ו' ביאר הרב כי י"ב האותיות הפשוטות שהם ה', ו', ז', ח', ט', י', ל', נ', ס', ע', צ', ק' הם בו"ק, בסוגיא זאת הרב מבאר כי י"ב האותיות הפשוטות הם ו"ק דתפארת שבשיעור הקומה הכללי, ועוד הרב מבאר את ההבדל בין ספירת התפארת לשאר הספירות שבו"ק. **וי"ב**[30] **פשוטות הם** אחוזים וכלולים **בספירת התפארת לבד** כי התפארת כוללת שש בחינות ועטרת היסוד, שהם חג"ת נהי"ם, וכל הבחינות האלו יונקים מחג"ת נה"י הכללים, ושם שורשם, ולכל בחינה מבחינות חג"ת נה"י הפרטים דתפארת יש אור ישר ואור חוזר, הרי הם שש בחינות כפולות, והם י"ב האותיות הפשוטות, **שהוא** ר"ל תפארת הוא **אזד בז'** אותיות בג"ד כפר"ת **הכפולות עצמן** כאשר אות ד' שבאותיות בג"ד כפר"ת היא בתפארת, עם כל זאת ספירת התפארת בפרטות **נחלקת לי"ב חלקים** שהם הו"ק הפרטים שבתפארת[31], והם י"ב גבולי האלכסון שבתפארת, כאשר שש מהם הם אור ישר, ושש מהם הם אור

30

כרם שלמה ש"ה פ"ו אות ג' – וי"ב פשוטות הם ספירות התפארת בלבד. שהוא אחד משבע כפולות עצמן, נחלקת לי"ב חלקים שהם י"ב פשוטות, והיותם י"ב הוא – כי כל ז' תחתונות מושרשים בגוף שהוא התפארת וכו'. פירוש כמו שכתב לקמן בסמוך כי התפארת עצמו אף על פי שהוא ספירה אחת, והוא מכלל הז' של הבג"ד כפר"ת, על כל פנים יש בו י"ב גבולי אלכסונים, דהיינו י"ב האותיות הפשוטות שם מקומם, אשר שם שורש של י"ב מזלות, ושם שורש י"ב שבטים, ושם יש י"ב מנהיגים של הגוף המנויים באות א' בספר הג' של הו"י חט"י וכו'. ונותן טעם לדבר למה הם י"ב, מפני שהששה תחתונות עצמם שהם חסד, גבורה, תפארת, נצח, הוד, יסוד שהם הנרמזים בהבג"ד כפר"ת נשרשים שם בבחינת אור ישר, ובבחינת אור חוזר, שהם כפולים, ואף על פי שהיה מן הראוי להיות י"ד ולא י"ב, כי הז' כפולות הם י"ד, אף על פי כן אין התפארת מן המנין, כי התפארת הוא כלי שלמה, כי הוא היכל הרצון, כידוע שבו נכללים ונשרשים הכל, סוד האי היכלא קיימא שית ואתכליל בשית, והואיל והוא כך שהוא כלי שבו נכללים השאר, ולזה יש בו ב' בחינות, בחינת עצמו שהוא מז' הכפולות, שהוא אות ד' מבג"ד כפר"ת, וזהו לבחינת עצמו. ועוד יש בו השורשים של שאר השש תחתונות של בחינת אור ישר ואור חוזר, וזהו מה שכתב כאן שהוא אחד מז' כפולות עצמם, נחלקת לי"ב חלקים וכו'. והיותם י"ב הוא כי כל ז' תחתונות נשרשים בגוף שהוא התפארת וכו', פירוש התפארת עצמו לבד נקרא גוף, כמו שכתוב בפתיחת אליהו, תפארת גופא. ומה שכתב ז' תחתונות, כוונתו על הז' תחתונות חוץ מן התפארת עצמו, אם כן נשאר ו"ק ולא ז', וזהו מה שכתב אחר כך וז' כפולות עם התפארת עצמו יהיה י"ד, אך הז' תחתונות זולת התפארת בהיותן כפולות הן י"ב. נמצא כי התפארת עצמו הוא מב' בחינות, שהוא אות אחת, **ד'** מבג"ד כפר"ת, והיא כפולה, ועוד יש בו י"ב שרשים של ז' תחתונות, שהם כפולות, והם י"ב, ונכללים בתפארת. על כן נמצא שבתפארת בעצמו יש בו ו' שרשים כפולים זולת התפארת החיצוני בעצמו. ולזה בהתפארת לבדו הם הי"ב פשוטים, והם השרשים של השש תחתונות, זולת התפארת, ופשוט.

31

ספירת התפארת היא שורש לו"ק, ומבשרי אחזה אלו"ה, כמו שהשורש יד ימין, יד שמאל, רגל ימין, רגל שמאל, ובחינת הברית הם נשרשים ומתפשטים מהגוף, כך גם ו"ק נשרשים ומתפשטים מספירת התפארת. יש סוגיות שספירת התפארת נקראת בזהר ובדברי הרב ז"ל היכל הרצון, הכולל ו' היכלות פרטים.

תרשים ז – ד.
מרן הרש"ש מחלק את ז' ההיכלות לפרצופים לפי דרוש הדעת

תרשים ז – ה.
בסידורו הטהור של מרן הרש"ש מובאים כוונות ההיכלות דהיכל הרצון אחרי קריאת שמע.

תרשים ז – ו.
זהר בראשית דמ"ד ע"ד תרגום והסבר – **היכלא שתיתאה** ההיכל השישי שהוא תפארת דז"א דבריאה, הנקרא היכל הרצון, **הכא הוא רוחא דאקרי חו"ט השני** כאן יש רוח הנקרא חוט השני, **רזא דכתיב** בסוד הכתוב **כחוט השני שפתותיך** שהוא סוד זיווג ונשיקין הנעשה בשפתיים, **האי היכלא אקרי היכל הרצון** ההיכל הזה נקרא היכל הרצון, **הכא רוחא דאיהו רעוא** מפני שכאן רוח הנקרא רצון, והסיבה שהוא נקרא רצון היא **דכל הני רוחין תתאין רהטין אבתריה** שכל הרוחות שבהיכלות התחתונים רצים אחריו, **לאתדבקא**

חוזר, **שֹהם י"ב** אותיות ה**פְּשׁוּטֹות**[32] כמבואר לעיל. **וְהָיוּתם י"ב** אותיות פשוטות **הוּא** באופן זה, כִּי[33] **כֹּל ז' תְזֹזֹתוֹנוֹת** שהם חג"ת נהי"ם הכללים **נִשְׁרָשִׁים**[34] **בַּגוּף שֶׁהוּא הַתִּפְאָרֶת** כאשר

ביה בנשיקה ברחימותא להתדבק בו בנשיקה, באהבה וברצון, **האי רוחא אתכליל בשית וקיימא בשית** זה הרוח נכלל בשש היכלות וקיים בשש היכלות, כלומר **אתכליל בשית דלתתא בהדיה** נכלל בשש היכלות תחתונים, שהם היכל לבנת הספיר, עצם השמים, נוגה, זכות, אהבה, שהם חמש היכלות עם היכל הרצון שהוא שורשם הם שש היכלות, **וקיימא בשית עלאין** וקיים בשש היכלות עליונים, ר"ל בהיכל הרצון עצמו יש שש היכלות פרטים הנקראים לבנת הספיר, עצם השמים, נוגה, זכות, אהבה, רצון, **ובגין כך האי רוחא אפיק תריסר נהורין** לכן רוח זה הוציא י"ב אורות, כנגד י"ב ההיכלות שבהיכל הרצון, שהם שש היכלות דז"א דבריאה, ושש היכלות דתפארת דז"א דבריאה, וביחד הם י"ב היכלות, והם כנגד י"ב אותיות הפשוטות, **כלילן כלהו מתתא ומלעילא** וכל אלו האורות כלולים מלמטה למעלה.
ע"ח ח"ב שמ"ו פ"ג דק"ג ע"ג – והנה היכל הו' נקרא היכל הרצון דז"א דבריאה, הוא היכל ששי, ועם כל זה נכללין בו ו' היכלין, כנזכר בפרשה בראשית, האי רוחא אתכליל בשית, פירוש כי יש מתתא לעילא ו' היכלין, שהם לבנת הספיר, ועצם השמים, נוגה, זכות, אהבה, ורצון שהוא השישי עליון מכולם. וזה שאמר האי רוחא אתכליל בשית, פירוש כאשר אלו הו' היכלין תתאין מיניה, עולין עד מקומו, ונכללין בו, אז האי רוחא אתכליל בהו, והם עמו ו' היכלין, וזהו אתכליל בשית. **ואמנם הוא עצמו יש בו בחינת כל הו' היכלין תמיד בגויה, והם השרשין של ו' היכלין תתאין**, וכנגד אלו אמר וקיימא בשית, כי תמיד קאים בהו, וקיימין ביה, אבל תתאין אתכלילן ביה לבד, אבל אינו מצד עצמותו. והנה ב' בחינות אלו סוד ו"ו כפולה, ב' ווין לרמז לזה.
שער הכוונות, דרושי העמידה, דרוש ב' – והענין הוא כי הנה היכל קודש הקדשים הם ג' עליונות שבבריאה, אשר שם עומדים א"א ואו"א דבריאה, וכמו שבז"א למטה שבבריאה עצמה יש שית היכלין, וחד מיניהו הוא היכל החסד והאהבה, כמו כן למעלה בהיכל קודש קדשים שלו עצמו, יש היכל עליון הנקרא אהבה גם כן. וכמו שהודעתיך כמה פעמים כי ז' היכלין דבריאה דיוצר דשחרית דחול, הם ז' היכלין שבז"א הכוללין כל י' ספירות דז"א כנודע, כי לבנת הספיר הוא ב' היכלות, והיכל קודש הקדשים כלול מג' היכלות, והרי הם עשרה היכלות, והם י' ספירות דז"א, רק שהם נכללין בבחינת ז' היכלין בלבד, ואלו הן ההיכלות דיוצר דשחרית דחול. וכנגדם יש ז' היכלות דנוקבא דז"א, והם ההיכלות של יוצר דתפלת ערבית דחול. וכנגדם יש ז' היכלות דיוצר דשחרית דשבת, והם ז' היכלין עלאין דאבא דבריאה. וכנגדן יש ז' היכלין דאימא דבריאה, וכולם הם בסוד שבעה ושבעה מוצקות כפולות, ואין כאן מקום ביאורם. והנה הז' היכלות דיוצר דשחרית דחול הם בז"א דבריאה, וגם ז' היכלות האלה עצמן הם כפולים ומכופלים, כי כמו שיש ו' היכלין מתתא לעילא עד היכל הרצון. **גם בהיכל הרצון עצמו יש בו שית היכלין אחרים בתוכו**, וזה סוד ו"ו כפולה.
נהר שלום די"ב ע"ב – אמנם מה שכתב בשער הכסא וההיכלות, כי בכל עולם ועולם מאבי"ע, העשר ספירות הכוללים דאותו עולם הם נחלקים לז' היכלות וכסא, באופן זה כי כחב"ד שהם עתיק ונוקבא, ואריך ונוקבא, ואו"א, וישסו"ת הם היכל השביעי העליון, הנקרא קדש קדשים, ר"ל קדש כתר, קדשים חו"ב, ואלו הכחב"ד הם הנקראים כסא. והז' תחתונות שהם הזו"ן, ויעקב ורחל, הם השש היכלות התחתונים, כי היכל לבנת הספיר כולל יסוד ומלכות, והוא ההיכל התחתון. למעלה ממנו הוא עצם השמים שהוא ההוד. למעלה ממנו הוא היכל נגה שהוא הנצח. למעלה ממנו הוא היכל הזכות שהוא הגבורה. למעלה ממנו הוא היכל אהבה שהוא החסד. למעלה ממנו הוא היכל הרצון שהוא התפארת. ואלו הו' היכלות הם השש מעלות לכסא, שהוא הכחב"ד הנז"ל, שהוא ההיכל השביעי קודש קדשים.

32

אותיות ה' ו' ז' ח' ט' י' הם בחינת אור ישר, חסד. ואותיות ק' צ' ע' ס' נ' ל' הם בחינת אור חוזר, דין. **תרשים ז – ז.**

33

בית לחם יהודה ש"ה פ"ז – כי כל הז' תחתונים נשרשים בגוף שהוא התפארת. פירוש כולם הם תלוים ותקועים בגוף, כדמיון הענפים היוצאים מהאילן, שהרי הזרועות, והרגלים, והיסוד, כולם תלוים בגוף, שהוא התפארת.

34

ו"ק הפרטים של התפארת הם ענפים לחג"ת נהי"ם הכללים, **והו'** האותיות ה**כפולות** שהם בג"ד כפר"ת, שהם ז'

הספירות התחתונות **עם תפארת בעצמו** שהוא אחד מהשבע הספירות התחתונות, והתפארת הוא אות ד'

דאותיות בג"ד כפר"ת, **יהיה** צ"ל יהיו ביחד עולים י"ד אותיות, שהם בג"ד כפר"ת דגושות, ובג"ד כפר"ת רפויות,

ולא י"ב. **אך** [35] כאשר ה**שבע** הספירות התחתונות הם **זולת** ספירת ה**תפארת** שהוא אות ד' דבג"ד

כפר"ת **בהיותן** צ"ל בהיותו **כפול** ר"ל אות ד' היא לפעמים בדגש, ולפעמים ברפה **הם י"ב** [36] בחינות, בלי

התפארת, **נמצא כי התפארת בעצמו הוא מב' בחינות** אחת כללית והאחת פרטית, הבחינה

הכללית **שהוא אות** [37] **(א')** ר' צ"ל אות ד' מבג"ד כפר"ת [38], **והיא** אות ד' **כפולה** ר"ל האות

ד' היא לפעמים דגושה, ולפעמים רפויה, **ועוד יש בו** בתפארת בפרטות **י"ב שרשים של ו'**

תחתונות שהם חג"ת נהי"ם, להיותם תלויים ויונקים מהתפארת **שהם כפולות** מפני שלכל אחד יש אור

ישר ואור חוזר, **והם** י"ב עולים למספר י"ב הרמוזים בי"ב האותיות הפשוטות, **ונכללין בתפארת** ר"ל

בשרשים בחג"ת נה"י דתפארת לבדו. **ואלו** [39] **י"ב** אותיות **פשוטות נקראים י"ב גבולי**

אלכסונים בספר יצירה [40], **כי מאזור** שי"ב בחינות הם בשרשם רק ו' בחינות, **שהם עצמן**

השרשים של כל ז"ת הם בתפארת, מפני שכל הז"ת הם ענפים של התפארת, ומן התפארת הם יונקים, לכן
הי"ב אותיות הפשוטות שהם בחינת הו"ק הפרטים של התפארת, הם שורשים לז"ת (כאשר היסוד והמלכות
הם בחינה אחת, בחינת לבנת הספיר, והם הצדיק והעטרה בראש הצדיק).
תרשים ז – ח.
כלל – השורש בכוחו כולל את כל הענפים.
35

בית לחם יהודה ש"ה פ"ז – אך הז' תחתונות זולת התפארת בהיותו כפול. כך צריך לגרוס, ואות נו"ן של
בהיותן נמחק.
36

לפעמים התפארת לא נמנה פעמים גם בפרט, וגם בכלל. ורק מונים את חגנהי"ם.
37

בית לחם יהודה ש"ה פ"ז – שהוא אות ד' מבג"ד כפר"ת והיא כפולה, ועוד יש בו י"ב שרשים. כך צריך
לגרוס.
38

הגהות וביאורים (יא) – ד' מבג"ד ספר כתב יד.
39

כרם שלמה ש"ה פ"ז אות ד' – ואלו י"ב פשוטות, נקרא י"ב גבולי אלכסונים בספר יצירה, כי מאחר שהם
עצמן בחינת ז' תחתונות כפולות אשר בתפארת נשרשים, אם כן צריכין להיות מצויירין שם בציור גבולי
אלכסונים. עיין שם פרק ה' משנה ב', וז"ל שנים עשר פשוטות הו"י חט"י לנ"ס צע"ק, יסודן י"ב ולא י"א, י"א
ולא י"ג, י"ב גבולי אלכסונים מפוצלין לששה סדרים מופסקין בין רוח לרוח. **גבול** מזרחית צפונית. **גבול**
מזרחית רומית. **גבול** מזרחית דרומית. **גבול** מזרחית תחתית. **גבול** צפונית דרומית. **גבול** צפונית תחתית. **גבול**
מערבית דרומית. **גבול** מערבית רומית. **גבול** מערבית צפונית. **גבול** מערבית תחתית. **גבול** דרומית רומית.
גבול דרומית תחתית. ומתרחבים והולכים עד עדי עד. והן הן גבעות עולם, עד כן לשונו, והוא גירסת ספר
יצירה של הראב"ד ז"ל. והרב ז"ל כאן נותן טעם בכאן למה קרא אותם י"ב גבולי אלכסונים, מפני שהם שש
כפולות, פירוש שהם י"ב, ששה ששה, והואיל וכן הוא, ודאי צריכים להיות בדרך אלכסון, כדי שיתדבק
ראשם וסופם בהשש ספירות העיקריים כדי שינקו מהם, כמו שסיים דבריו בסוף דבריו ז"ל בסמוך מעט.
40

בְּחִינַת שֵׁשׁ תְּזוּזוֹת חג"ת נה"י, וְהֵם **כְּפוּלוֹת** כי לכל בחינה משש הבחינות יש אור ישר ואור חוזר, **אֲשֶׁר בְּתִפְאֶרֶת** הֵם **נִשְׁרָשִׁים** כל הי"ב בחינות, והחג"ת נה"י הכללים מניקים לחג"ת נה"י המושרשים תוך התפארת, בבחינת רצוא ושוב, **אִם**[41] כן צריכין להיות מצוייירין שם בציור גבולי[42] **אֲלַכְסוֹנִים,** לדוגמה כי זולק הראשון **הַגְּבוּל רִאשׁוֹן** שבו שהוא גבול מזרחית דרומית **יִהְיֶה נוֹטֶה בָּאֲלַכְסוֹן** מהתפארת שנקרא רוח מזרחית **נֶגֶד סְפִירַת הַחֶסֶד** הכללית, שהוא רוח דרומית, ושם היא אות ב' דבג"ד כפר"ת, **וְזוֹלֵק גְּבוּל הַשֵּׁנִי** שהוא גבול מזרחית צפונית **יִהְיֶה עוֹמֵד וְנוֹטֶה** באלכסון מהתפארת **נוֹכַח סְפִירַת הַגְּבוּרָה** הכללית, שהוא רוח צפונית, ושם היא אות ג' דבג"ד כפר"ת, **וְעַל דֶּרֶךְ זֶה כּוּלָם**[43], כְּדֵי שֶׁאֵלוּ י"ב זוֹלְקֵי הַתִּפְאֶרֶת שהם חג"ת נה"י הפרטים של התפארת, ויש בכל אחד מהם אור ישר, ואור חוזר **יִהְיוּ נוֹטִים פְּנֵיהֶם נֶגֶד הַשֵּׁשׁ סְפִירוֹת** חג"ת נה"י הכלליות [דכ"ד ע"ב] 47 **שֶׁהֵם** ר"ל חג"ת נה"י הכללים **שָׁרָשִׁים לְאֵלּוּ י"ב זוֹלְקִים שֶׁבַּתִּפְאֶרֶת, לִינַק מֵהֶם,** לדוגמה[44] **כִּי הֲרֵי בְּחִינַת חֶסֶד שֶׁבַּתִּפְאֶרֶת** שבו אות ה' באור ישר, ואות ק' באור חוזר, **צָרִיךְ שֶׁיִּהְיֶה בַּקַּו יָמִין** של **הַתִּפְאֶרֶת, בְּרֵאשִׁית הַקַּו** הימין דתפארת, **וְיִהְיֶה נִזוֹלֵק לב' זוֹלְקִים כְּפוּלִים,** ויונק מהחסד הכללי, שהוא בחינת אות ב' דבג"ד כפר"ת **בַּדָּגֵשׁ** והוא בחינת דין, **וְאוֹת ב'** דבג"ד כפר"ת **בְּרָפֶה** והוא בחינת רחמים. **וּבְסוֹף קַו הַיָּמִין דְּתִפְאֶרֶת** שהוא נצח דתפארת, שבו אות ח' באור ישר, ואות ס' באור חוזר, **יִהְיֶה** יונק מהנצח הכללי **וּבוֹ ב' זוֹלְקִים דְּגֵצֵ"ז** שהם בחינת אות כ' דבג"ד כפר"ת בדגש, והוא בחינת דין, ואות כ' דבג"ד כפר"ת ברפה,

---

ספר יצירה פ"ה משנה ב' – שתים עשרה פשוטות ה', ו', ז', ח', ט', י', ל', נ', ס', ע', צ', ק', יסודן שנים עשר גבולי אלכסון, גבול מזרחית רומית, גבול מזרחית צפונית, גבול מזרחית תחתית, גבול דרומית רומית, גבול דרומית מזרחית, גבול דרומית תחתית, גבול מערבית רומית, גבול מערבית דרומית, גבול מערבית תחתית, גבול צפונית רומית, גבול צפונית מערבית, גבול צפונית תחתית. ומתרחבין והולכין עד עדי עד. והן הן גבולות עולם.

41

בית לחם יהודה ש"ה פ"ז – אם כן צריכים להיות מצוייירים שם בציור גבולי אלכסונים. וענין ההכרח הזה מפרש ואזיל, כי חלק ראשון וכו', דהוא"ל והחסד, והגבורה, והנצח, והוד הם עומדים מימין ושמאל התפארת, אם כן כאשר הי"ב פשוטות שבתפארת מקבלים הארה ושפע משורש שלהם, מוכרח להיות נוטים באלכסון כלפי שרשיהם, כדי לינק מהם.

42

הגהות וביאורים (יב) – א"ה עיין במבוא שערים דף קכ"ד ע"א.

43

תרשים ז – ט.

44

בית לחם יהודה ש"ה פ"ז – כי הרי בחינת חסד שבתפארת. כוונתו לתרץ מה שיש להקשות על מה שכתב לעיל, כי מאחר שאין בתפארת כי אם ששה נטיית פנים בלבד, אם כן אין ראוי להיות בתפארת רק ששה אלכסונים בלבד, ולא י"ב. משום הכי אמר ויהיה נחלק לב' חלקים כפולים וכו', ולפי זה אינם רק י"ב קוים עומדים באלכסון, אבל צורת האלכסונים אינם אלא ששה לבד. אבל לא משמע הכי מספר יצירה משנה א'. ועוד קשה דלפי דברי רז"ל, אפילו ששה אלכסונים ליכא, כי חלק היסוד והמלכות הכלולים בתפארת, כאשר רוצים לינק משרשם, שהם יסוד ומלכות דעשר ספירות, אינם צריכים לנטות פניהם באלכסון.

והוא בחינת רחמים. **וכיוצא בזה בשאר** הספירות הפרטיות דתפארת היונקים מהספירות הכללים. כאשר בחינת גבורה דתפארת שבו אות ו' באור ישר, ואות **צ'** באור חוזר, צריך שיהיה בקו שמאל של התפארת, בראשית הקו השמאל דתפארת, ויהיה נחלק לב' חלקים כפולים, ויונק מהגבורה הכללי, שהוא בחינת אות **ג'** דבג"ד כפר"ת בדגש, והוא בחינת דין, ואות **ג'** דבג"ד כפר"ת ברפה, והוא בחינת רחמים. ובסוף קו שמאל דתפארת שהוא הוד דתפארת, שבו אות **ט'** באור ישר, ואות **ב'** באור חוזר, יהיה יונק מההוד הכללי, ובו ב' חלקים דהוד, שהם בחינת אות **פ'** דבג"ד כפר"ת בדגש, והוא בחינת דין, ואות **פ'** דבג"ד כפר"ת ברפה והוא בחינת רחמים. בחינת תפארת דתפארת שבו אות **ז'** באור ישר, ואות **ע'** באור חוזר, צריך שיהיה בקו האמצעי של התפארת, בראשית הקו האמצעי דתפארת, ויהיה נחלק לב' חלקים כפולים, ויונק מהתפארת הכללי, שהוא בחינת אות **ד'** דבג"ד כפר"ת בדגש, והוא בחינת דין, ואות **ד'** דבג"ד כפר"ת ברפה, והוא בחינת רחמים. ובסוף קו האמצעי דתפארת, שהוא יסוד דתפארת, שבו אות **י'** באור ישר, ואות **ל'** באור חוזר, יהיה יונק מהיסוד הכללי, ובו ב' חלקים דיסוד, שהם בחינת אות **ר'** (ואות **ת'** שבמלכות - עטרת היסוד) דבג"ד כפר"ת בדגש, והוא בחינת דין, ואות **ר'** (ואות **ת'** שבמלכות - עטרת היסוד) דבג"ד כפר"ת ברפה והוא בחינת רחמים[45]. סוגיה זאת הרב ז"ל מבאר את הדמיון בין ספירת התפארת הכללית לספירת היסוד הכללית[46] **ודע כי**

45

תרשים ז – י.

46

כל מה שקרה עם יעקב קרה עם יוסף, ושניהם בחינה אחת. וסוד הדבר הוא, בחינת היסוד הוא ז"א של התפארת, והוא בחינת המילוי דאות ו', כאשר התפארת אות ו', והיסוד הוא בחינת מילוי דאות ו', שהוא אות ו', הנקראת ו' זעירא.

ע"ח שט"ז פ"ו דפ"ב ע"ג – ואמנם חצי תפארת דא"א שבאו"א, ממנו נעשה ב' דעות לאו"א, כיצד, ידעת ענין וקרא וקרא זה אל זה, כי התפארת נקרא זה, נגד י"ב פרקין שבו כמנין ז"ה, שהוא י"ב, ונחלקין לב', ו' זעירא ו' רבתי. **והנה תפארת ו' רבתי**, ו"ק שבו שהם נגד ו' פרקים דרועין. **והיסוד ו' זעירא**, ו"ק שבו נגד ו' פרקי רגלים.

ע"ח ח"ב שט"ל דרוש י"ד דע"ז ע"ד – ודע כי תחלה אמר לי מורי זלה"ה כי מן הדעת דא"א המתפשט בו"ק דא"א כנ"ל דרוש א', הנה ממנו נעשה ב' דעות דאו"א, ומן חצי עליון דתפארת דא"א נעשו ב' גופים דאו"א, מחסד שבהם עד מלכות שבהם, באופן זה כי הלא התפארת הוא סוד ו' כדלקמן. כי הנה נודע בסוד וקרא זה אל זה, כי בתפארת יש י"ב פרקין, כמנין זה, **והם סוד ו' שבתפארת שבמלואו הם ב' ווי"ן, ו' גדולה, ו' זעירא. הנה התפארת הוא ו' גדולה, והענין שהוא כולל ו"ק שבו, והוא כנגד ו' פרקין שיש בב' זרועות. והיסוד נקרא ו' זעירא, כי גם בו כללות כל הו"ק, והם גם כן כנגד ו' פרקין שבב' שוקיים, שהם נצח הוד**, כנזכר פרשת נשא קמ"ג - וצדיק יסוד עולם דכליל שית בקרטיפא חדא. וכן בפרשה בראשית דף מ"ד וז"ל - האי רוחא אתכליל בשית, וקיימא בשית, כו'. והוא מובן עם מה שכתב.

זהר וישב דק"פ ע"ב תרגום והסבר – **אלה תולדות יעקב יוסף, כל מאן דהוה מסתכל בדיוקנא דיוסף** כל מי שמסתכל בצורתו של יוסף, **הוה אמר דדא הוא דיוקנא דיעקב** היה אומר שזו היא צורתו של יעקב, כמו בשורשם, שהיסוד דומה לתפארת בכל הנהגתו.

זהר וישב דקפ"ב ע"ב תרגום והסבר - **אלה תולדות יעקב יוסף, כמה דאתמר** כמו שלמדנו, **דכל דיוקנא דיעקב הוה ביה ביוסף** כל צורתו של יעקב היתה בו ביוסף, **וכל מה דאירע להאי אירע להאי** וכל מה שאירע ליעקב, אירע ליוסף, וזה הרמז לספירת התפארת ולספירת היסוד **ותרוויייהו כחדא אזלי** שניהם הולכים יחד, **ודא הוא רזא דאת ו"ו** וזה הוא סוד אות ו"ו, עם המילוי שלה היא ו', כאשר אות ו' היא בתפארת, והמילוי של אות ו' שהוא ביסוד, **דאזלי תרווייהו כחדא** שניהם הולכים יחד, מפני שאי אפשר להזכיר אות ו' בלי המילוי שלה שהוא אות ו', ואינם נפרדים לעולם, **בגין דאינון רזא חדא ודיוקנא חדא** לפי שהם סוד אחד וצורה אחת, כמו שהתפארת מכריע בין חסד לגבורה, כך היסוד מכריע בין נצח והוד, שהם ענפים לחסד וגבורה.

מדרש רבה, בראשית, פרק פ"ד ה' – אמר רבי שמאל בר נחמני, אלה תולדות יעקב יוסף, לא היה צריך קרא לומר כן, אלא אלה תולדות יעקב ראובן, אלא מה תלמוד לומר יוסף, אלא כל מה שאירע לזה אירע לזה. מה זה נולד מהול, אף זה נולד מהול. מה זה אמו עקרה, אף זה אמו עקרה. מה זה אמו ילדה שנים, אף זה אמו ילדה שנים. מה זה בכור, אף זה בכור. מה זה נתקשה אמו בלידה, אף זה נתקשה אמו בשעת לידה. מה זה אחיו

24

גַּם בִּיסוֹד הכללי, בפרטותו **יֵשׁ בּוֹ שְׁנַיִם עָשָׂר** בזוינת **גְּבוּלֵי אַלְכְסוֹנִים** פרטים **אֵלּוּ** ר"ל כמו התפארת הכללית, **כִּי כָּל הַזֹּ' תְּזוּזוּנוֹת** שהם בעצם חג"ת נה"מ **צָרִיךְ** צ"ל צריכים **שֶׁיִּהְיוּ נִרְשָׁמִים** ר"ל נרשמים בו, בְּסוֹד הפסוק[47] **אֵלֶּה תּוֹלְדוֹת יַעֲקֹב יוֹסֵף** יוסף הוא היסוד, הוא התולדות של יעקב שהוא התפארת, מפני שהיסוד הוא ענף התפארת, והתפארת והיסוד הם בחינה אחת[48], בפרטות לתפארת יש את י"ב גבולי האלכסון, כך גם ליסוד יש י"ב גבולי אלכסון, עם כל זה י"ב גבולי האלכסון דיסוד הם

שונא אותו, אף זה אחיו שונאים אותו. מה זה אחיו בקש להרגו, אף זה בקשו אחיו להרגו. מה זה רועה, אף זה רועה. זה שנשטם, וזה שנשטם. זה נגנב שתי פעמים, וזה נגנב שתי פעמים. זה נתברך בעושר, וזה נתברך בעושר. זה יצא לחוצה לארץ, וזה יצא לחוצה לארץ. זה נשא אשה מחוצה לארץ, וזה נשא אשה מחוצה לארץ. זה הוליד בנים בחוצה לארץ, וזה הוליד בנים בחוצה לארץ. זה ליווהו מלאכים, וזה ליווהו מלאכים. זה נתגדל על ידי חלום, וזה נתגדל על ידי חלום. זה נתברך בית חמיו בשבילו, וזה נתברך בית חמיו בשבילו. זה ירד למצרים, וזה ירד למצרים. זה כלה את הרעב, וזה כלה את הרעב. זה משביע, וזה משביע. זה מצוה, וזה מצוה. זה מת במצרים, וזה מת במצרים. זה נחנט, וזה נחנט. זה עלו עצמותיו, וזה העלו עצמותיו.

מדרש תנחומא, וישב סימן א' – דבר אחר, אלה תולדות יעקב יוסף, והלא ראובן הוא הבכור, אלא ובחללו יצועי אביו נתנה בכורתו לבני יוסף בן בישראל, ולו להתייחס לבכורה. דבר אחר, אלה תולדות יעקב יוסף, אתה מוצא שהיה יוסף דומה לאביו, וכל מה שעבר על יעקב, כך עבר על יוסף, יעקב קנא בו עשו אחיו, ויוסף קנאו בו אחיו. יעקב גלה לחרן, יוסף גלה למצרים. יעקב אמר גנובתי יום, וגנובתי לילה, ויוסף אמר כי גנב גנבתי.

אור החיים הקדוש, ויחי פרק מ"ח פסוק ו' – אלא יש לדעת באמרם ז"ל (זוהר וישב קפ"ב) כי יוסף הוא בחינת נפש יעקב, והוא שרמז הכתוב אלה תולדות יעקב יוסף, והוא אומרו (תהילים ע"ז ט"ז) בני יעקב ויוסף, ורמזו חכמי אמת, כי הוא בחינת מילוי הו"ו, שהמילוי כאות ממש.

דברי שלום לרב אבנר עפג'ין, חלק ז' סימן תע"ב דשי"ז – ובסידור הרש"ש של הגה"ק וידאל קוינקא כתב יד, ראיתי לו שסידר הקערה באופן שההחזרת מתחת למרור, ושם העתיק את לשון פרי עץ חיים שהוחזרת תהיה תחת המרור. אם כן הלכה למעשה יש לקיים דברי רבי חיים ויטאל זיע"א בכתביו, וכמו שהסכים לסדר כך בסידור הרב וידאל ז"ל. גם שמעתי באומרים לי שההחזרת הזאת שכורכים בה מצה ומרור כהלל הזקן, מוכרח שאינם אותם עלים הנקרא חסה, כיון דחסה הוא מרור שהוא בסוד התפארת, ואיך החזרת שהיא היסוד תהיה גם כן חסה. לכן הסיקו שההחזרת תהיה סוג אחר של ירק. ונראה לעניות דעתי אין דבריהם מוכרחים, **שהרי היסוד הוא ענף מהתפארת, בסוד אלה תולדות יעקב** [תפארת] **יוסף** [יסוד]. לכן אם לוקח את העלים של חסה לבחינת מרור, ואת הקלחים לבחינת חזרת שפיר, ונקרא שינוי ודו"ק. שהוא שינוי אף שהוא בן מינו, וכך נראה לעניות דעתי לעשות הלכה למעשה.

47

בראשית ל"ז ב' – אלה **תולדות יעקב יוסף**, בן שבע עשרה שנה היה רועה את אחיו בצאן, והוא נער את בני בלהה ואת בני זלפה נשי אביו, ויבא יוסף את דבתם רעה אל אביהם.

48

תיקוני הזהר, תיקון י"ט דמ"א ע"א תרגום והסבר – על ח"י הברכות **דאתמר בהון** נאמר בהם, **וברכות לראש צדיק, מאי ראש צדיק** מי הוא ראש הצדיק, שהוא היסוד, **דא עמודא דאמצעיתא** זה העמוד האמצעי, שהוא התפארת, כאשר יסוד דאימא מתלבש בתוכו עד החזה כדי לתת שפע לז"א ולמלכות, **דביה שריין ח"י ברכאן דה' עלאה** כי בפנימיות התפארת שורות ח"י הברכות הנמשכות מאימא עילאה, **ומניה** ומן התפארת **אתמשיכו** נמשכים ח"י הברכות **לה' זעירא** שהיא המלכות, **על ידא דצדיק** על ידי הצדיק, שהוא היסוד, **ובגין דא גוף** שהוא התפארת **וברית** שהוא היסוד **חשבינן חד** נחשבים לאחד, כי תפקידם להמשיך ח"י ברכות למלכות.

פרדס רימונים ח' פרק כ"ג – בתיקונים פירש הרשב"י ע"ה וז"ל, יסודא דעלמא יהודא דקב"ה ושכינתיה, וכאלה הרבה. מורה על שיחוד התפארת והמלכות הוא על ידי היסוד, והיסוד הוא השושבין הקושר ומיחד החתן והכלה, ולא שושבין לבד, אלא ממש הוא האמה המיחד הזכר עם הנקבה, וכן כל כנויי המידה הזאת מורים עליו. וכמאמר רז"ל **גוף וברית חשבינן חד**. פירוש כי התפארת כנגד הגוף של אדם, והיסוד כנגד האמה.

25

כללות[49] י"ב גבולי אלכסון דתפארת[50], **וזֶה סוֹד** הפסוק[51] **וְקָרָא זֶה אֶל זֶה**[52] ר"ל זה גימטריא י"ב, ובפסוק זה יש ב' פעמים תיבת ז"ה, שהם **י"ב בִּי"ב**, י"ב גבולי אלכסון ד**תפארת** וי"ב גבולי אלכסון ד**יסוד**. צריך לדעת כי יש הבדל בין י"ב המזלות לז' כוכבי לכת. בסוגיא זאת הרב מבאר את מקומם של י"ב המזלות[53], ושבעה כוכבי לכת[54]. בספרי הרב ז"ל יש מספר שמועות[55] על מקומם של י"ב המזלות ושבעה כוכבי לכת,

---

49

כלל – כללות היא בחינת מלכות.

50

בחינת י"ב גבולי האלכסון דיסוד הם כללות די"ב מלכויות ר"ל מלכויות די"ב גבולי האלכסון דתפארת. **כרם שלמה ש"ה פ"ז אות ו'** – ר"ל אף על פי שהיסוד הוא אחד מן הו"ק, ושהוא נרשם בהי"ב גבולי אלכסונים דתפארת, אף על פי כן יש בו מעלה על שאר הספירות של הו"ק, שנרשם בו פעם אחרת י"ב גבולי אלכסונים, והוא כמו שנרשם בהתפארת הז' תחתונות כפולים, בסוד אור ישר ואור חוזר, ונעשים שם י"ב. כך בהיסוד עצמו, בסוד אלה תולדות יעקב שהוא התפארת, יוסף שהוא היסוד. כי אברהם אבינו ע"ה שורשו בחסד, יצחק בגבורה, יעקב בתפארת, משה בנצח, אהרן בהוד, יוסף ביסוד, דוד במלכות. נמצא מן הפסוק עצמו מובן כי כמו שיש בהתפארת שהוא יעקב, יש גם כן ביסוד שהוא יוסף, וזה סוד מה שאמרו ז"ל בבראשית רבה שכל מה שאירע ליעקב אירע ליוסף, על פי אלה תולדות יעקב יוסף. וכן הביא ראיה אחרת מפסוק וקרא זה אל זה ואמר, ונדרש בזוהר על התפארת ויסוד, מפני שכל אחד משניהם יש בו י"ב בחינות, כמנין **זה**, ור"ל שמשפיע התפארת ביסוד, שכל אחד מהם נקרא זה. אבל אינם דומים הי"ב של התפארת להי"ב של יסוד, כי של התפארת הם הענפים עצמן של הו"ק, בסוד אור ישר ובסוד אור חוזר, **אבל הי"ב של היסוד הם הכללות של אלו הי"ב של התפארת**, כי אלו אבות, ואלו תולדות, ולזה הוצרכו להיות כפלים, פעם אחת נרשמים בהתפארת, ועוד פעם אחרת נרשמים ביסוד. ולזה אמר הכתוב תולדות יעקב יוסף, פירוש התולדות של התפארת שהם הכללות מה שיש בהתפארת הם נרשמים ביסוד.

51

ישעיהו ו' ג' – וקרא זה אל זה ואמר קדוש קדוש קדוש הוי"ה צבאו"ת מלא כל הארץ כבודו.

52

בשער הכוונות כוונת זה אל זה היא אחרת, והיא הארת י"ב פרקין דיעקב בי"ב פרקין דרחל, וכך הוא בסידור הטהור לרש"ש.
תרשים ז – י"א.
שער הכוונות, דרושי חזרת העמידה, דרוש ג' – אמנם הדיבור אינו כלול בתוך הסוד, כי הסוד הוא תחלה בחשאי בלי דיבור כלל, ואפשר להיות סוד בחשאי בלי דיבור בקול רם, אבל אי אפשר אל הדיבור בקול רם להיותו בלתי ההבל החשאי בתחלתו, והוא סוד הימין הכולל את השמאל, אבל השמאל אין בו כח לכלול את הימין עמו, ולכן אנו מיחסים השיח והדיבור בחסד, והסוד בלחש בגבורה. ואחר שירדו אז הם משפיעים חג"ת הנזכרים הארה וקדושה עליונה שקבלו מהג' מוחין הנקראים קדש, ומאירים אל ג' תחתונות נה"י דז"א עצמו, וזה נרמז במה שכתוב המשלשים לך קדושה, כי ג' ספירות חג"ת הם משלשים קדושה בנה"י שלו, ואחר שהאירו בנה"י אז הם מאירים הנה"י האלו ביעקב ורחל, וזהו **וקרא זה אל זה ואמר**, כי זה הם **י"ב פרקין דיעקב דדכורא כמנין ז"ה, ואל זה הם י"ב פרקין דנוקבא רחל** כנז"ל. ואז מאירים אלו באלו, ואז עולים יחד כולם למעלה באופן זה, חג"ת עולים בחב"ד, ונה"י עולים בחג"ת, ואז גם יעקב ורחל שהיו במקום נה"י עולים עמהם עד מקום חג"ת.

53

כל אות מי"ב האותיות הפשוטות שבתפארת היא שורש לי"ב המזלות.
תרשים ז – י"ב.
י"ב המזלות נשרשים בי"ב גבולי האלכסון דתפארת, ונכללים בפרטות בי"ב גבולי האלכסון שבתפארת דיסוד, והם טלה, שור, תאומים, סרטן, אריה, בתולה, מאזנים, עקרב, קשת, גדי, דלי, דגים.
תרשים ז – י"ג.

54

26

ז' כוכבי לכת נקראים בקיצור שצ"מ חנכ"ל, והם שבתאי, צדק, מאדים, חמה, נוגה, כוכב, לבנה. שורשם הוא הז' תחתונות.

תרשים ז – י"ד.
שורשי ז' כוכבי לכת שהם שצ"מ חנכ"ל נכללים בפרטות בז' ספירות תחתונות דיסוד.
תרשים ז – ט"ו.
55

היסוד בכללותו נקרא בכל מקום רקיע, ובו נמצאים החמה, הלבנה, ז' כוכבי לכת, י"ב המזלות, ושאר הכוכבים. יש מספר שמועות בדברי הרב ז"ל היכן י"ב המזלות וז' כוכבי לכת. כמו שמקשה הרב דברי שלום, ואת כל השמועות מבאר ומסדר הרב כרם שלמה.

ע"ח ח"ב שט"ו ל דרוש ט"ו דע"ח ע"ד – ובתיקון ח"י דל"ב, איתא כי י"ב מזלות הם שית מחסד עד יסוד, אור ישר ואור חוזר, וז' כוכבי לכת הם מחסד עד המלכות, וזהו בסוד אור ישר, שאם לא כן י"ב מזלות וז' כוכבי לכת הכל אחד.

ע"ח ח"ב של"ח פ"ג דס"א ע"ד – והענין הוא כי הרקיע הוא אשר נקרא דרך סתם רקיע, אשר בו קבועים חמה, ולבנה, כוכבים, ומזלות והוא בחינת היסוד דתבונה, שהוא הנקרא רקיע בכל מקום, והוא ו' זעירא בסוד נוטה שמים כיריעה, ובו קבועים חמה, ולבנה וכו', לפי שכל האורות כולם יצאו משם כנודע, כי חמה ולבנה שהם זו"ן הם קבועים בו, ומשם הם יונקים, זה מן החסדים, וזה מן הגבורות, העומדים בדעת המלובש ביסוד דתבונה הזה. והנה הכוכבים הם אורות החסדים היוצאין משם, ונופלין תוך יסוד דז"א כנודע, ומכים שם בכח ומתפזרים, ונעשו ניצוצין דקין אשר הם סוד הכוכבים המאירים, וזה סוד ומצדיקי הרבים ככוכבים, כי מצדיקי רבים שרשם מן יסוד הנקרא צדיק, והם מקבלין הארת הכוכבים של החסדים שבתוך היסוד, מאירין כמותן. ונלע"ד ששמעתי ממורי זלה"ה כי המזלות הן נקבות, והן מן ניצוצין הנעשין ביסוד מנפילת הגבורות, גם הם מלמעלה עד היסוד דז"א, ומכין שם ונופלין ומתפזרין, ונעשין ניצוצין.

שער הפסוקים, פרשת ויצא – וזה סוד מה שאמרו חז"ל ז' רקיעים הם וכו', וילון אינו משמש כלום, אלא מוציא ערבית ומכניס שחרית. רקיע שבו חמה ולבנה וכו'. באורו היא בבחינת אימא עילאה, הנקראת תבונה, אשר רגליה מתלבשים בז"א כנזכר. ואין לנו עסק עתה לברר כל הז' רקיעים, אבל נבאר שנים האחרונים. והנה הרקיע הוא יסוד של התבונה, כי הרקיע הוא התפשטות אות ו' זעירא, שהוא ביסוד, ולכן נקרא רקיע כנודע. ושם מתלבשים תרין עיטרין דחסדים וגבורות, כנודע. והחסדים מתפשטים בז"א, הנקרא חמה ומאירים בו. והגבורה בנקבה, הנקראת לבנה, ומאירים בה. ונמצא כי החמה ולבנה שהם זו"ן קבועים בו. כי מן החסדים והגבורות אשר בו, משם שניהם יונקים ומקבלים הארתם. גם הכוכבים והמזלות קבועים בו. פירוש, כי הנה נודע, כי איך כללות החסדים יורדים במרוצה, ונופלים בכח ביסוד דז"א, ובכח מרוצתם מתפזרים, ומתחלקים שם לניצוצות קטנות מאירים, והם הנקראים כוכבים. זה סוד פסוק בדניאל - ומצדיקי הרבים ככוכבים לעולם ועד. ירצה בזה, כי שרש נשמות של הצדיקים, הנמשכים מן היסוד הנקרא צדיק, נקראים גם הם מצדיקי הרבים, ולכן יהיו מאירים ככוכבים ההם אשר ביסוד, הנעשים מן החסדים אשר שם, כנזכר. ונלע"ד חיים שמעתי ממורי ז"ל, כי הכוכבים הם מבחינת החסדים שביסוד, שהם זכרים. והמזלות, הם נוקבין, ונעשים מן הגבורות, היורדות גם הם ביסוד דז"א, על דרך הנזכר בחסדים.

ע"ח ח"ב שמ"ג פ"ב דצ"ה ע"ד – הנה י' רקיעים הם, ונזכר פרשת ויקהל, והם סוד ט' ספירות עלאין דעשיה כנ"ל, ונוסף בהם וילון הוא נגד עטרת היסוד, המכניס ומוציא, והבן זה שאינו משמש כלום, אלא כניסה ויציאה, והרקיע הוא יסוד דעשיה, ובו קבועים חמה, ולבנה, כוכבים, ומזלות. וילון הנ"ל הוא מכסה ליסוד זה, כי יסוד נקרא בוקר, ועטרת היסוד שהוא בחינת דוד חופה, בסוד בוקר אערך לך ואצפה, כנזכר פרשת בלק דף ר"ד, ולכן דוד לא היה לו חיים, כי וילון לית לה מגרמה כלום והבן זה, לכן נכנס שחרית ויוצא ערבית, בסוד ותתן טרף לביתה וחוק לנערותיה, דאתכסיא בימא ואתגליא בליליא. ובזה הרקיע יש בו כל הט' גלגלים הקיפים העולם, והם שהזכירו הפילוסופים בספריהם, ובז' תחתונות הם ז' כוכבי לכת, ובח' שאר הכוכבים והי"ב מזלות, ובט' גלגל היומי המקיף כולם בכ"ד שעות ממזרח למערב, וכל אלו הט' גלגלים קבועים ברקיע, רמז לדבר ויתן אותם אלהי"ם ברקיע השמים, ולא אמר ברקיעים, וזה יובן מברייתא דשמואל שהקטן שהרקיע עשוי כאהל, כמו שכתוב בפרקי רבי אליעזר וקאמר אחר כך שהגלגלים סובבים, ובזה יצדקו דברי

וכן בספר הזוהר[56]. **עוד** צריך לדעת כי **מזל** הוא מלשון ירידת שפע[57], בסוד הפסוק[58] תזל כטל אמרתי. הרב כרם שלמה ז"ל מבאר ומישב את השמועות הנ"ל[59]. יוצא מדברי קודשו כי י"ב גבולי האלכסון שבתפארת הם שורש לי"ב גבולי

חכמים הם התוכניים והבן זה. ואלו הגלגלים הם י' בחינות יסוד דעשיה, ולמעלה מהם שחקים כו', עד ערבות כו', וכל זה בעשיה, ואלו הם הז' רקיעים שנתבאר בספר הרזים, בסוד המלבוש.

ספר הליקוטים, פרשת ויצא די"ט ע"ד – ורחל היתה יפת תואר. ואם תדקדק תמצא כי הי"ב המזלות שביסוד, נקראים י"ב שעות שביום, וי"ב שעות שבלילה, הם במלכות. ובזה יתורץ קושיא אחת, שפעמים יכנס אותם י"ב שבטים עילאין בעולם הזכר, ופעמים בעולם הנוקבא, והכל אמת. כי אותם הי"ב מזלות שביסוד הם שבטין עילאין, והי"ב שבטין דנוקבא הם י"ב מזלות דמלכות. בזה הבין דבר נחמד, שנקראים שבטי ישראל, שהי"ב מזלות מה שביסוד הם סוד ו"ק שיש תוך תפארת ישראל, והם שש מעילאי, ומתתאי שש הם י"ב, וכולם מישראל, הרי הם י"ב שהוא י"ב תפארת, ולא השש עצמן.

דברי שלום ד"ו ע"ד – בדרוש קבלת שבת על פסוק הוי"ה למבול ישב, ראשי תיבות יל"י, כתב וזה לשונו - דע כי שם זה הוא השם השני של בן ע"ב דויסע, ויבוא, ויט, והנה שם בן ע"ב הוא מתחלק לשישה חלקים, כנגד ו' כוכבי לכת אשר למעלה מן הלבנה וכו'. ר"ל דז' כוכבי לכת הם בז"ת, כמו שכתוב בע"ח ש"ה פ"ז וע"ש, ואלו הע"ב שמות הם מתחלקים בו' תחתונים, מחסד עד יסוד. וכל חלק מהם יש בו י"ב שמות, כנגד י"ב מזלות, עד כאן. ר"ל דהי"ב מזלות הם ביסוד, דהוא כולל את ו' תחתונות, ששה דאור ישר, וששה דאור חוזר, הרי י"ב ביסוד, כמו שכתב בע"ח ש"ה פ"ז יע"ש. נמצא דכל ספירה מו' תחתונות שהם הו' כוכבים, יש לו י"ב שמות, והם ממונים על הי"ב מזלות שביסוד, וכמו שכתב בליקוטי תורה בישעיה סימן א' על פסוק ידע שור קונהו, דשם יל"י הוא ממונה על כח שור העליון, יע"ש......ע"ח שער ה' פרק ז' כתב די"ב גבולי אלכסון שביסוד הם הי"ב מזלות, והז' כוכבי לכת בז' תחתונות מפאת עצמם ולא בחינת הכללותם ביסוד, יע"ש. וקשה דבשער מ"ג פרק ב' כתב דהכל הוא ביסוד, ולא עוד אלא די"ב מזלות מהז' כוכבי לכת, הם בז' תחתונות, והי"ב מזלות הוא בשמיני, יע"ש.

56

תקוני הזוהר, תיקון י"ח דל"ו ע"א עם באור תרגום - ה"א אינון שית ככבי לכת הששה ככבי לכת הם בו"ק דז"א, **ה' כוכבא שביעאה** ואות ה' שהיא המלכות היא כנגד הכוכב השביעי, **ו' ו' תרין עשר מזלות** שתי אותיות ו' הם הם י"ב מזלות, שש כנגד אור ישר, ושש כנגד אור חוזר, והם י"ב מזלות, **ודכל מזל אתקרי אות** וכל מזל נקרא אות, לפי שמזלות מושרשים בספירת היסוד הנקראת אות, **ואיהו ממנא על כל שעתא מתרין עשר שעתין** והיסוד ממונה על על כל שעה משעות היום, כי בכל שעה של היום והלילה שולט מזל אחר, צריך לדעת כי השעות הם בספירת המלכות, אך השולט על המלכות הוא היסוד, **כל נביא אית ליה מזליה ושעתיה** וכל נביא יש לו את מזלו והשעה שהוא מוכשר לקבל נבואה, **וכפום ההוא מזל** וכפי אותו מזל של הנביא, **וכפום פעולה דיליה** וכפי הפעולה שהמזל ממונה עליה, **הכי אתגליא ליה** כך מתגלה לנביא אות מן ו' ו', **דתרין עשר מזלות ממנן על תרין עשר שעתין** מי"ב המזלות הממונים על י"ב השעות של היום וי"ב השעות של הלילה, **ועל תרין עשר ירחין** ועל י"ב חודשי השנה. **ואלין מזלות מתמן הוו ירתין תרין עשר שבטין נשמתין דילהון** ומי"ב המזלות האלו ירשו י"ב השבטים בני יעקב את שורש נשמתם. **ואית מסטרא אחרא תרין עשר** ויש גם בסטרא אחרא י"ב מזלות, והם הנשיאים בני ישמעאל, **דאתמר בהון** שנאמר בהם **שנים עשר נשיאים לאמתם, דאינון אתקריאו** והם נקראים הספירות דסיטרא אחרא, והם **טל"ה** בחסד, **שו"ר** בגבורה, **תאומי"ם** בתפארת, **סרט"ן** נצח, **וגומר** ר"ל ארי"ה בהוד, בתול"ה ביסוד, כל אלה הם באור ישר, ובאור חוזר ששה שהם מזלות מאזני"ם, עקר"ב, קש"ת, גד"י, דל"י, דגי"ם, **דא כגוונא דדא עבד קודשא בריך הוא** כי זה לעומת זה עשה הקדוש ברוך הוא, כי כל מה שיש בקדושה יש בקליפה, בסוד הפסוק – גם את זה לעומת זה עשה האלהי"ם. **שית מזלות אינון מעילא לתתא** ששה מזלות הם בסוד אור ישר מלמעלה למטה, **מחסד ועד יסוד**, **ושית מתתא לעילא** ועוד ששה מזלות מלמטה למעלה בסוד אור חוזר, **מיסוד ועד חסד**, מסטרא דמלכות אתקריאו שבעה ככבי לכת ומצד המלכות נקראים שבעה כוכבי לכת בסוד אור חוזר, **משכינתא עד חסד** מספירת המלכות עד ספירת החסד.

57

שער מאמרי רשב"י, פרשת שמות – ודע כי עם היות שיש ליסוד שתי בחינות אלו כדפרישית, והם יוסף הצדיק למעלה ובנימין למטה בתוך הנקבה העליונה, כמה דאתמר בצאת נפשה כי מתה, עוד יש בסוד עצמו למעלה שתי בחינות אלו, ולפיכך נקרא חי העולמים, בסוד תשעה מלמטה למעלה, ותשעה מלמעלה למטה,

העולים ח"י וח"י הוא בתרין עלמין, כי גם הוא חי בעולם הנקבה בסוד בנימין הצדיק, וזה מה שאמר הכתוב חי הוא יודוך, וכדכתיבנא. ושורש הדבר הוא כי ביסוד נסתים הזכר העליון, והוא הרקיע המבדיל בין מים למים, והאור העליון המחיה את הספירות יורד עד שם ומכה בו, בסוד בטש ביה כדמות המראה המלוטשה המפסקת שלא יעבור אור השמש ממנה ולמטה, כי עומדת כנגד אור השמש כן רקיע זה מבדיל בין עלמא דדכורא לעלמא דנוקבא, ואינו מניח לעבור האור למטה, ועל ידי כך מכה בו סוד האור העליון בפנימיותו ויוצאין ממנו נצוצות כמנין האורות המכים בו, ט' מלמעלה למטה, וט' מלמטה למעלה, וזה מה שכתוב ודא רזא סתימא דאקרי הרקיע, כי בחינת רקיע יאמר על ענין זה, כי הוא רקיע המבדיל ומעכב אור העליון מלרדת למטה, ולפיכך יש בו נהירו ונציצו, כמו שכתוב בכל השאר. ולפיכך יש ברקיע הזה ככביא, ומזלי, שמשא, וסיהרא. כי כוכבים הם נשמות הצדיקים היורדין שם מהמוח העליון, ועומדים שם ומשם יורדין למלכות. והמזלות הם שנים עשר בסוד שש קצוות, מן חסד ולמטה, שש ממטה ולמעלה, ושש מלמעלה למטה כנזכר בתקונין, כי אף על פי שכל התשעה מכים ברקיע זה, אין דומה הכאת השש קצוות לשאר, כי כל אחד בחינה בפני עצמה יש לו, ולפיכך מהשש קצוות יצאו י"ב מזלות, ומתפארת ומלכות נעלמים יצאו שמשא וסיהרא, וזה מצד הנשמות שבו כי כמו שבמלכות מנשמות שבה נעשין מיין נוקבין כנודע, כן ביסוד נשמות צדיקים שבו שהם הכוכבים כדפרישית הם הם המעלין תשעה מלמעלה למטה, ואף על פי שהתתפארת מהשש קצוות הנזכרים, מכל מקום יש בתפארת שתי בחינות, אם בחינת היותו בכלל השש קצוות, ואם בחינת היותו בפני עצמו, וכל אלו נקבעין ביסוד וסיהרא, עם היות כי היא למטה מן היסוד, עם כל זה שרשה בסוד **ה' ד"ו** ובסוד **יו"ד, וי' ו' ד'** נחקק ביסוד, ושרש זה בחכמה ובינה, ומשם ירדו אל היסוד. ושאר בוצינין דנהורא הם ה' ככבי לכת הנשארים, וכנגדם ז' ספירות הבנין, כי חמה ולבנה עם ה' כוכבי לכת הם ז', ואל יקשה בעיניך כי ז' ספירות הם הם השש קצוות, שהם המזלות כדפרישית, כי שש קצוות אלו הם ביסוד עצמו, בסוד שוקיו עמודי שש, כי הוא מקבלם מלמעלה ונעשים בו שנים עשר, בסוד אור ישר ואור חוזר, ובסוד נהירו ונציצו כדפרישית. **ולכן נקראים מזלות כי היסוד נקרא מזל להיותו מושך את הטיפה זרעית מהמוח העליון,** ואמנם שמשא, וסיהרא, ושאר בוצינו נהורא, שהם חמשה ככבי לכת כדפרישית הם שבעה ספירות הבנין עצמם המתגלים ביסוד ומשפיעים בו, ועוד כי ששה קצוות הם בסוד תפארת הכלול משש קצוות, ושבעה ספירות הם כנגד ז' ככבי לכת, ואין זה בשש קצוות, כי אלו בתפארת עצמו לבדו בהכללו מהם, וזה בבנין עצמו, ודי בזה. ודע כי כמו שהמלכות תקרא חכמה, כן חכמה שבז"א תקרא חכמה תחתונה, בבחינת החכמה העליונה הקדומה ואליה, כיון באומרו אלין דמסתכלי ברזא דחכמתא, שמסתכלין בפנימיית החכמה, כי שבז"א בסוד נשמתא שהיא חכמה העליונה בסוד הדעת, וזה מה שכתוב נהרין ונצצין בזיוא דחכמתא עלאה, וכמו שיש ביסוד תחתון תשעה מלמעלה למטה, ותשעה מלמטה למעלה, כן בסוד דעת המפסיק בין אריך אפין לז"א יש אלו, וזה מה שכתוב בזוהר נהירו נציצו דנהורא דנפיק מעדן, שהוא סוד הדעת היוצא מעדן עליון ונכנס במוח ז"א, ויש בדעת זה נהירו ונציצו כדפרישית, והמסתכלין בפנימיות חכמה זו, שהוא סוד הדעת נהרין ינצצין בדוגמתו, ודעת זה יקרא רקיע עליון, בסוד בינה הנקרא רקיע כנודע, ואם אין דעת אין בינה, אם אין בינה אין דעת, ומצד היותו רקיע מפסיק בין אריך אפין לז"א יש בו נהירו ונציצו כדפרישית. ולפיכך נקרא רזא סתימא כי זה נעלם מאד, ולפיכך יש ברקיע זה כוכבים שהם הנשמות, **וכן י"ב מזלי בסוד עלמא דאתי, כי שם שרשם בסוד עלמא דאתי, וכן י"ב מזלי בסוד מזל שכאן מתפשט**, וכן שמשא, וסיהרא, וכל אינון בוציני נהורא שרשם בו בעלמא עלאה, בסוד ויבנהו שבע שנים, והדברים עתיקים.
58

דברים ל"ב ב' – יערף כמטר לקחי **תזל כטל אמרתי** כשעירם עלי דשא וכרביבים עלי עשב.
59

כרם שלמה ש"ה פ"ז אות ו' – ומה שכתוב אחר כך, ואלו הי"ב גבולי אלכסון דיסוד הם בחינת י"ב מזלות עצמן וכו', בדבר זה לכאורה יש בו צריך עיון עם מה שכתב בהרבה מקומות, שמקום ז' כוכבי לכת הם במקום אחר, והי"ב מזלות הם במקום אחר, ובע"ה כולם יתישבו על מכונם. והוא, עיין לקמן בשער ט"ל פרק ט' כתב כי י"ב מזלות הם שית מחסד עד יסוד, אור ישר ואור חוזר, וז' כוכבי לכת הם מחסד עד מלכות, וזה בסוד אור ישר שאם לא כן י"ב מזלות וז' כוכבי לכת הכל אחד, עד כאן לשונו. נמצא שמובן מכאן שאינם ביסוד אלא המזלות דוקא, אבל הז' כוכבי לכת הם כולם בהשבע קצוות מן החסד עד המלכות. ובשער ל"ח פרק ג' כתב כי המזלות, והכוכבים, והחמה, והלבנה כולם ביסוד הם קבועות, יעו"ש. וכן עיין בפרק ב' דשער מ"ג שכתב

האלכסון שבתפארת דיסוד, וז' כוכבי לכת שורשם בז' תחתונות, ונרמזים גם הם באותיות[60] בג"ד כפר"ת, ומשפיעים בפרטות בז' תחתונות דיסוד. **ואלו הי"ב גְּבוּלֵי[61] אלכסון** דתפארת **דיסוד, הם** שורש הנהגה

שכולם הם ביסוד, אלא הז' כוכבי לכת הם בהשבע תחתונות של היסוד עצמו, ובהשמיני הם שאר הכוכבים והי"ב מזלות, יעו"ש. ואיך אומר בכאן שהי"ב מזלות דוקא הם ביסוד, אמנם הז' כוכבי לכת הם הז' תחתונות מפאת עצמם ולא מבחינת התכללותן ביסוד. אמנם עיין בשער הפסוקים ואז יתישב הענין היטב. והוא עיין בשער הפסוקים פרשת ויצא דף ל"ח ע"ג ד"ה ענין ז' כוכבי לכת וכו', ותבין משם כי היסוד עצמו יש בו מקום לקבל הי"ב מזלות, והז' כוכבי לכת, **אלא הי"ב מזלות הם בו מצד התפארת עצמו לבדו**, שיש בו נשרשים הו"ק, והם השש היכלות בסוד אור ישר ואור חוזר, ונעשים י"ב מזלות בו, וכולם ביסוד. **והז' כוכבי לכת היינו הז' ספירות עצמן העליונים ממנו, דהיינו מחסד עד המלכות משפיעים בו, ונרשמים בו**, בסוד אור הישר שלהם, ולא נכללים בו לבד, אלא מפאת עצמן משפיעים בו, וזהו קיצור הענין.

ומה שכתוב שם בתחילת הדיבור, וז"ל ענין ז' כוכבי לכת שהם אור חוזר וכו', הרואה יראה כל אותו דרוש מפרש שהז' כוכבי לכת הם אור ישר של הז' ספירות, ואיך אומר בתחילת הדיבור שהם אור חוזר. ואחר החיפוש עיינתי בספר הליקוטי תורה של מוהרח"ו ז"ל, שמביא שם מזה הדרוש אות באות, וכתוב שם במקום אור חוזר כתוב **אור ישר**, ונחה דעתי וודי טעות דפוס נפל בשער הפסוקים, וכתוב אור חוזר, וצ"ל אור ישר, ופשוט.

נמצא שבין הז' כוכבי לכת ובין הי"ב מזלות הם בהיסוד, אלא הי"ב מזלות של היסוד הוא מקבל אותם מהתפארת עצמו שיש בו בחינת אלו הי"ב, והז' כוכבי לכת הוא מקבלם מהז' ספירות עצמם, שהם מחסד עד מלכות. והקשה שם איך אפשר לומר שהיסוד מקבל מן המלכות, והלא המלכות היא למטה ממנו, אלא ידוע שהמלכות הניחה שורשה באבא שהוא ב**ד'** דמילוי יו"ד, וכן באימא ב**ד'** של הה"י, כי צורתה כך **ד"ו, ד'** על **ו'**, וזה נקרא סטרא דשכינתא, ולא שכינתא תתאה, ומזה הבחינה מקבל היסוד השביעי של שבעה כוכבי לכת, וזה דקדק מלשון התיקונים שאמר כן סטרא דשכינתא. ואם כן נמצא שהם כנגד י"ב השבטים הם שורשם בהתפארת ובהיסוד, והספר יצירה מנה אותן בי"ב שורשי התפארת, והי"ב של היסוד נקראים מזלות, מלשון תזל כטל אמרתי, כי היסוד מושך הטיפה ומזילה מן המוח העליון עד היסוד, ולזה כל בחינותיו נקרא מזלות, כך פירש רבינו האר"י זל בשער מאמרי רשב"י ע"ה בתחילת פרשת שמות.

נמצא כי בשער ט"ל פרק ט"ו מה שכתב כי י"ב מזלות הם שית מחסד עד יסוד, אור ישר ואור חוזר, הם בהיסוד עצמו שמקבל מהתפארת עצמו, שיש בו י"ב אלו מצד עצמו. וכן מה שכתב שם הז' כוכבי לכת הם מחסד עד מלכות, וזהו בסוד אור ישר וכו', ר"ל אינם מבחינת האור ישר של התפארת עצמו, כי זה נעשה מכלל הי"ב מזלות, אלא מבחינת האור ישר של הז' ספירות עצמן, וזהו שסיים שם דאם לא כן הז' כוכבי לכת והי"ב מזלות הכל אחד.

נמצא שכולם בהיסוד, וזהו מה שכתב בשער ל"ח שהשמחה, והלבנה, והכוכבים, והמזלות כולם ביסוד הם קבועים, ר"ל הי"ב מזלות הם מכלל הי"ב של התפארת, והז' כוכבי לכת שהם נקראים גם כן כוכבים הם מכלל הז' ספירות עצמן, שמשפיעים שם. והחמה והלבנה הם ב' כוכבים מכלל הז' כוכבי לכת כידוע, כי הז' כוכבי לכת הם סדרם כך שצ"ם חנכ"ל.

ומקום מצבן של הי"ב מזלות ושבעה כוכבי לכת בהיסוד הוא באופן זה, כמו שכתוב בשער מ"ג פרק ב' שכולם הם בהיסוד, אלא הז' כוכבי לכת וכו', כי **היסוד הנקרא רקיע סתם**, יש בו תשעה גלגלים, ובהשבעה תחתונות הם הז' כוכבי לכת, ובשמיני שאר הכוכבים והי"ב מזלות, ובהתשיעי גלגל היומי המקיף כולם וכו'. וכל אלו התשעה גלגלים קבועים ברקיע, רמז לדבר ייתן אותם אלהי"ם ברקיע השמים, ולא אמר ברקיעים עד כאן לשונו.

60

תיקוני הזוהר, תיקון ע' דקכ"ח ע"ב עם ביאור ותרגום – יש **שבעה כבבי לכת** מצד הקדושה, **אינון** שהם כנגד **שבע** אותיות **כפולות ב'ג'ד' כ'פ'ר'ת'**, שיש בהם דגש ורפה **כגוונא דא, ב ב, ג ג, ד ד, כ כ, פ פ, ר ר, ת ת, דינא רפיא ודינא קשיא** דין קשה ודין רפה, כאשר הדין הקשה הוא האותיות עם הדגש, שהם ב ג ד כ פ ר ת, והדין הרפה הם האותיות בלי הדגש שהם ב ג ד כ פ ר ת, **ובהון** ובהם נאמר **והחיות רצוא ושוב, רצוא בדג"ש, ושוב ברפ"ה**, ואינון **דינא ורחמי** שהם דין ורחמים.

61

התחתונה, והם **בבזיונת**[62] **י"ב מזלות** התחתונים **עצמן** אשר הם בתפארת דיסוד. כאשר כללות היסוד נקרא רקיע, ובו ז' כוכבי לכת וי"ב המזלות. יוצא שההנהגה העליונה שהיא ההנהגה אלוהי"ת, היא בי"ב גבולי אלכסונים דתפארת, והיא שורש להנהגה התחתונה. וההנהגה התחתונה שהיא ההנהגה טבעית, היא בי"ב גבולי האלכסונים דיסוד, שהם י"ב המזלות[63], **ובבזיונת**[64] **ז' כוכבי לכת** הנקראים שצ"מ חנכ"ל, והם שבתאי, צדק, מאדים, חמה, נוגה, כוכב, לבנה, **הם הז' תזזתונות** חג"ת נהי"ם של שיעור הקומה **מפאת עצמן** ר"ל עצמותם של ז' כוכבי לכת הם בז' ספירות התחתונות של השיעור קומה, כאשר בספירת החסד שבתאי, בגבורה צדק, בתפארת מאדים, בנצח חמה, בהוד נוגה, ביסוד כוכב, ובמלכות לבנה, **ולא מבזיונת התכללותן ביסוד** רק הם נרשמים ומשפיעים בז' תחתונות דיסוד, כלומר ז' הספירות הכלליות מחסד עד מלכות משפיעות לז' ספירות התחתונות הפרטיות דיסוד בבחינת רשימו[65]. **וענין** והסיבה להיותם **י"ב פשוטות הוא, שהרי הם בבזיונת ז'** ספירות **תזזתונות** שהם חג"ת נהי"ם, כאשר המלכות נכללת ביסוד, בסוד עטרת היסוד **הרומזים**

הגהות וביאורים (יג)[62] – עיין דברי שלום דף ו' ע"ד, ודף ל"ב ע"ד.

הגהות וביאורים (יד)[63] – עיין שער ט"ל פרק ט"ו, ושער ל"ח פרק ג', ושער מ"ג פרק ב'.

לכל מזל מי"ב המזלות יש אות אחת מי"ב האותיות הפשוטות שביסוד, והי"ב האותיות הפשוטות שבתפארת הם השורשים לי"ב האותיות הפשוטות שביסוד.

ספר יצירה פ"ה משנה ב'[64] – י"ב אותיות פשוטות, ה"ו, ז"ח, ט"י, ל"נ, ס"ע, צ"ק. חקקן חצבן צרפן, וצר בהן י"ב מזלות בעולם ואלו הן, טל"ה, שו"ר, תאומי"ם, סרט"ן, ארי"ה, בתול"ה, מאזני"ם, עקר"ב, קש"ת, גד"י, דל"י, דגי"ם. ואלו הם י"ב חדשים בשנה, ניס"ן, איי"ר, סיו"ן, תמו"ז, א"ב, אלו"ל, תשר"י, חשו"ן, כסל"ו, טב"ת, שב"ט, אד"ר. ואלו הן שנים עשר מנהיגין בנפש, שתי ידי"ם, שתי רגלי"ם, שתי כליו"ת, טחו"ל, כב"ד, מר"ה, המס"ס, קיב"ה, קרקב"ן.

היסוד נקרא רקיע, ובו יש ט' גלגלים, בשבע הגלגלים התחתונים נמצאים ז' כוכבי לכת, בגלגל השמיני נמצאים שאר כל הכוכבים וגם הי"ב מזלות, והגלגל התשיעי הוא הגלגל היומי, המקיף את כולם.

תרשים ז – ט"ז.

כרם שלמה ש"ה פ"ז אות ו' – ומה שכתב ובחינת ז' כוכבי לכת הם הז' תחתונות מפאת עצמן, ולא מבחינת התכללותן ביסוד. ר"ל אלו הז' כוכבי לכת שהם שצ"מ חנכ"ל גם בם קבועים בהיסוד, אבל אינם מכלל אותם אורות הכוללות שהם הי"ב מזלות, הכלולות בהיסוד, אלא אחרים הם, והם נשכים מהז' תחתונות עצמן מבחינת אור ישר שלהם, ומתכללים בהיסוד עצמו במקום מיוחד להם, והם קבועים בהז' תחתונות של היסוד. והם במקום מיוחד, לבד מאותו מקום של הי"ב מזלות, כי מקום של י"ב מזלות הם בגלגל השמיני, שהוא לנעלה מהם, כמו שכתוב בשער מ"ג פרק ב'.

ז' הספירות התחתונות דשיעור קומה, בהם עצמות ושורשי ז' כוכבי לכת, משפיעים ונרשמים בז' הספירות התחתונות שביסוד. מעין זה הוא בחינת החסדים והגבורות המתקבצים היסוד.

כלל – רשימו הוא בחינת המלכות שבאותה ספירה.

ע"ח שי"ח פ"ד מ"ת דף"ז ע"ג – עוד טעם אחר, והוא בענין ה' חסדים עצמם המתפשטים בז"א מצד יסוד אמא, והוא כי הלא נתבאר אצלנו כי ג' בחינות יש אל החסדים דז"א, אחד הוא למעלה במקום הדעת דז"א, כי שם הוא שורש החסדים, ואחר כך מן הארתן מתפשטין ה' חסדים מן החסד שבו עד הוד שבו, ואחר כך מהארתן של החסדים המתפשטין **מתקבץ הארתן ביסוד דז"א ה' חסדים אחרים**, אשר לסבה זו נקרא היסוד כל כנודע.

ע"ח ח"ב שכ"ה דרוש ב' ד'"ז ע'"א כללים של חו"ג כלל ח' – בכל חסד וחסד מהה' חסדים שהם ה' **ונכללין ביסוד,** הרי ו', וניתנים לנוקבא, הרי ז', וכן הם ז' גבורות. והנה מכל א' מאלו בין החסדים בין הגבורות המתפשטים בגופא דז"א, יש ג', בכל א' מהן כללות כל הז'.

בְּסְפִירַת הַתִּפְאֶרֶת הכללית, **אֹו** בְּסְפִירַת הַיְסֹוד הכללית, **בִּהְיֹותָם כְּפוּלֹות**, ו' ספירות באור ישר,
ועֹוד ו' ספירות באור חֹוזר, **וְלָכֵן עָלֹו בַּחֶשְׁבֹּון** יְ"בּ בחינות, **וְעַל כֵּן הֵם** יְ"בּ אֹותיֹות
פְּשׁוּטֹות, כִּי ו' **כְּפוּלֹות** בסֹוד אֹור ישר ואֹור חֹוזר **הֵם** יְ"בּ אֹותיֹות פְּשׁוּטֹות, **וְעַל כֵּן הֵי"בּ**
אֵינָם אֹותיֹות **כְּפוּלֹות, רַק פְּשׁוּטֹות לְבַד**.[66]

הרב ז"ל מביא כלל יסֹודי המבאר את מקֹום כ"ב האֹותיֹות בשיעֹור קֹומה של י' ספירֹות, וכל זה כדי שלא נטעה ונתבלבל
בין פרק ו' דשער זה, לבין פרק ז' בשער זה[67] **הַכְּלָל הָעֹולֶה** כי כ"ב האֹותיֹות מתחלקֹות בכל שיעֹור קֹומה,
בדרך זה, **כִּי י' סְפִירֹות** שבכל שיעֹור קֹומה **יֵשׁ בָּהֶם י' אֹותיֹות**, ויש **אֹות אָחַת** מאֹותיֹות אמ"ש
בג"ד כפר"ת **בְּכָל סְפִירָה** וספירה **עַל סֵדֶר זֶה, וְהֵם י' אֹותיֹות הַנֹּזְכָּר**ים בפרקין, ג' אֹותיֹות
אמ"שׁ הם בג"ר של אֹותֹו פרצֹוף, וז' אֹותיֹות **בַּגַּ"ד כְּפַרַ"ת** הם בז' תחתֹונֹות של אֹותֹו פרצֹוף, אֹות **א'**
דאֹותיֹות אמ"ש בספירת **כֶּתֶר, הֹוא** שֶׁהכתר **הֹוא הָרִאשֹׁון** בשיעֹור קֹומה של י' ספירֹות, **וְאֹות א'**
הֹוא צ"ל היא **אֹות הָרִאשֹׁונָה**[68] **מִן** אֹותיֹות אָלֶ"ף בִּי"תַ.[69] **וְאֹות תּ'** מאֹותיֹות בג"ד כפר"ת היא

---

⁶⁶

כרם שלמה ש"ה פ"ז אֹות ו' – אם כן כלל העֹולה, נמצא שאֹותיֹות בג"ד גפר"ת הם נרשמים בז' קצֹות
עצמם, שהם חג"ת נהי"ם, והי"ב פשֹוטֹות הם נרשמים בהרשימֹו של ז' הקצֹות אשר נרשמים בהתפארת אֹו
ביסֹוד, בבחינת אֹור ישר שלהם, ובבחינת אֹור חֹוזר שלהם, והם אֹורֹות אחרים ואינם ספירֹות אחרֹות, אלא
כֹולם של ו' קצֹות עצמם, אלא אֹורֹות אחרים שהם מלבד האֹורֹות של הז' ספירֹות עצמם שהם במקֹומם,
ופשֹוט.

⁶⁷

כרם שלמה ש"ה פ"ז אֹות ז' – הכלל העֹולה כי י' ספירֹות יש בהם עשרה אֹותיֹות, אֹות **א'** הֹוא כתר, שהֹוא
ראשֹון, והֹוא אֹות ראשֹון מן אלף בית. **ות'** היא אחרֹונה, **ות'** היא אחרֹונה באלף בית. מה
שהֹוצרך לחזֹור ולעשֹות כלל על האמֹור לעיל, כדי שלא נטעה ונפרש שהאֹותיֹות הם על בדרך האמֹור לעיל
בפרק ו', כי בכח"ב יש אֹות **ש'** בלבד, ובחג"ת אֹות **א'** לבד, ובנה"י אֹות **מ'** לבד, ואֹותיֹות בג"ד כפר"ת הם בז'
נקבי הראש, וכן הי"ב אֹותיֹות הפשֹוטֹות הם בהי"ב אברים המנהיגים. כי מה שאמר למעלה בפרק ו' שזה
הסדר של הכ"ב אֹותיֹות, **הֹוא הַסֵּדֶר שֶׁל אֹותיֹות שֶׁנִּצְטַיְּירֹו עַל יְדָם אֵלֹו הַסְּפִירֹות**, כי הראש נצטייר על ידי
אֹות **ש'**, והחג"ת נצטיירֹו על ידי אֹות **המ'** (צ"ל אֹות **א'**). וכן השאר כמפֹורש לעיל באֹורך באֹות **א'** דפרקין.
אבל הָאֹותיֹות שֶׁנִּקְבָּעֹו בַּסְּפִירֹות, דהיינֹו שאֹות פלֹונית בספירה פלֹונית הֹוא על סדר האמֹור כאן בפרקין,
שאמ"ש בכח"ב, ובג"ד בחג"ת, וכפר"ת בנהי"ם, וי"ב אֹותיֹות פשֹוטֹות בי"ב גבֹולי אלכסֹונים של התפארת.
ולזה הֹוצרך לחזֹור ולעשֹות כלל, כדי שלא נטעה עם האמֹור לעיל. והֹוצרך ליתן טעם כי האֹות **א'** הֹואיל והֹוא
ראשֹון לאֹותיֹות, לזה נקבע בכתר, שהֹוא ראשֹון לספירֹות, וכן האֹות **ת'** הֹואיל והיא אחרֹונה לאֹותיֹות, לזה היא
נקבעה במלכֹות שהיא אחרֹונה לספירֹות, וזהֹו מה שכתב **א'** הֹוא כתר שהֹוא **א'**, פירֹוש שהֹוא ראשֹון לספירֹות,
והֹוא אֹות **א'**, פירֹוש אֹות ראשֹון מן אלף בית, וכן אֹות **ת'** במלכֹות שהיא אחרֹונה, פירֹוש אחרֹונה לספירֹות,
וכן **ת'** היא אחרֹונה בא"ב, ופשֹוט. זזז

⁶⁸

הגהֹות ובאֹורים (טֹו) – עיין לעיל שער ה' פרק ה' דאל"ף שער אח"פ הֹוא בינה, וצריך עיֹון לקמן שער מ"'ן ומ"ד
דרֹוש ה', ויתיישב לך (אמת ליעקב).

⁶⁹

אֹותיֹות אמ"ש הם בג"ר, כאשר אֹות **א'** שהיא האֹות הראשֹונה, הרֹומזת לרֹוח, היא בכתר, והֹוא קֹו הרחמים, קֹו
האמצעי. אֹות **מ'** הרֹומזת למים, היא בחכמה, והֹוא קֹו החסד, קֹו הימני. אֹות **ש'** הרֹומזת לאש, היא בבינה, והיא
קֹו הגבֹורה, קֹו שמאל.

בַּסְפִּירָת בְּמַלְכוּת שֶׁהִיא בספירה הָאַזֹרוֹנָה בשיעור קומה של הפרצוף[70], וְכֵן אות ת' הִיא האות הָאַזֹרוֹנָה בְּאותיות הא"ב. נִמְצָא לפי זה כִּי אות ד' שֶׁבָּאותיות בג"ד כפר"ת הוּא בְּתִפְאָרֶת, וּבְתִפְאָרֶת זֶה יֵשׁ בּוֹ י"ב אותִיוֹת פְּשׁוּטוֹת בו"ק דתפארת, שש אותיות באור ישר ושש אותיות באור חוזר[71], שֶׁהֵם יונקים מִבְּזֹינַת ז' אותיות בג"ד כפַ"רֶת הכפולות והם בחינת דין ורחמים, דגש ורפה, וְעַתָּה הֵם י"ב אותיות הַפְּשׁוּטוֹת בפרטות התפארת חוץ מאותיות אמ"ש שהם בכח"ב, ואותיות בג"ד כפר"ת בז' תחתונות של השיעור קומה, וְזֹה סוֹד מַה שֶּׁכָּתוּב בְּפָרָשַׁת פְּקוּדֵי בְּהֵיכָל רָצוֹן שֶׁהוּא ספירת תפארת וְהוּא כּוֹלֵל שׁ"ת הֵיכָלִין שש היכלות אֲזֹרִנִין בְּגַווּה[72] אחרים בתוכו, שֶׁהֵם סוד ו' כְּפוּלָה והיא אות ו' במילוי, והמילוי עצמו הוא אות ו', וְנַעֲשִׂין י"ב בְּסוֹד אות ו"ו בחינת, כִּי תִּפְאָרֶת נִקְרָא ו' הרומז לשש קצוות, כַּנַ"ל בְּעִנָּיַן ז' אותיות בג"ד כפר"ת הכְּפוּלוֹת, וי"ב אותיות פְּשׁוּטוֹת[73]• סוגיה זאת לא קשורה לסוגיות בספר עץ חיים, סוגיה זאת היא מפתח להבנת כללות ספר יצירה[74]. וְהִנֵּה[75] הָאותִיוֹת שהם בחינת הגוף הֵם

תרשים ז – י"ז.

[70]

אותיות בג"ד כפר"ת הם בז' הספירות התחתונות, ב' – חסד, ג' – גבורה, ד' – תפארת, כ' – נצח, פ' – הוד, ר' – יסוד, ת' – מלכות.

תרשים ז – י"ח.

[71]

י"ב האותיות הפשוטות הם בו"ק דתפארת כאשר באור ישר אות ה' – חסד דתפארת, ו' – גבורה דתפארת, ז' – תפארת דתפארת, ח' – נצח דתפארת, ט' – הוד דתפארת, י' – יסוד דתפארת. ובאור חוזר אות ק' – חסד דתפארת, צ' – גבורה דתפארת, פ' – תפארת דתפארת, ס' – נצח דתפארת, נ' – הוד דתפארת, ל' – יסוד דתפארת.

תרשים ז – י"ט.

[72]

שער הפסוקים, מלכים א' סימן ז' – עמד על שני עשר עשר בקר, (מזולתו) כבר הודעתיך, עניין ז' היכלות עולם הבריאה, כנזכר בזוהר בפרשת פקודי. והתחלתם ממטה למעלה, לבנת הספיר, יסוד. עצם השמים, הוד. נוגה, נצח. זכות, גבורה. אהבה, חסד. רצון, תפארת. היכל השביעי העליון מכלם, הוא הנקרא היכל קדש הקדשים, כולל כל ג' ראשונות, כח"ב. ונודע מה שכתוב בהיכלות שבפרשת בראשית, בהיכל הרצון, כי שם יש ששה היכלות אחרים, כלולים בו. והטעם הוא, כי התפארת כולל כל הו"ק, כי הוא בחינת אות ו' של ההוי"ה, ונמצאו היות שש היכלות נה"י חג"ת, ועוד ששה אחרים כלולים בהיכל הרצון, הם סוד י"ב בקר. וההיכל השביעי העליון, הוא בחינת הים העומד על י"ב בקר הנזכרים עליהם מלמעלה.

[73]

לסכום כל הסוגיות עד כאן של מקום כ"ב האותיות, י"ב המזלות, ושבעה כוכבי לכת הוא, ג' אותיות אמ"ש הם בכח"ב, ז' אותיות בג"ד כפר"ת הם בחג"ת נהי"ם, י"ב אותיות הפשוטות הם בו"ק דתפארת. י"ב המזלות הם בתפארת דיסוד, ושורשם הוא בו"ק דתפארת. ז' כוכבי לכת הם בחג"ת נהי"ם דיסוד, ושורשם בחג"ת נהי"ם הכללים.

תרשים ז – כ.

[74]

כרם שלמה ש"ה פ"ז אות י"א – וסוד זה מלכות והצרופים שבספר יצירה, הענין הוא שכל הכחות לא יפעלו אלא בסוד חזרתן וצרופן אל מקורים, ואז יושפע עליהם שפע רב וחזק, לשיוכלו הם לפעול פעילתו בחוזק. וזה סוד המליך אות פלוני הנזכר בספר יצירה, כי יחדה, וקשרה אל שורשה, ואז פעולה אחת ממנה

כזהות אצילות כל אות ואות אצולה מהאור של אחת הספירות **ועצמות הספירות** ר"ל[76] האותיות הם הכוחות האצולים מעצמות הספירות. ואין הנשמה שהיא הנרנח"י מראה ופעולתה אלה על ידי הגוף שהם האותיות, כל אות ואות מכ"ב האותיות מאור של אחת הספירות, לכן כל אות ואות רומזת על הנהגה אחת של הספירות, **וסוד**[77] **הַמַּלְכוּת**[78] מלשון הַמְלָכָה, לְהַמְלִיךְ הַזִּיווּגִים, ר"ל הזיווגים, כדי ליצור ולברוא[79] יצורים

וכו'. ונביא מקצת מלשון ספר יצירה, וממנה יובן השאר, עיין שם פרק ג' משנה ז', וז"ל - המליך אות **א'** ברוח, וקשר לו כתר, וצירפן זה בזה, וצר בהם אויר בעולם, ורויה בשנה, וגויה בנפש, זכר באמ"ש, ונקבא באש"מ. המליך אות **מ'** במים, וקשר לו כתר, וצרפן זה בזה, וצר בהם ארץ בעולם, וקור בשנה, ובטן בנפש, זכר במא"ש, ונקבא במש"א. המליך אות **ש'** באש, וקשר לו כתר, וצרפן זה בזה, וצר בהם שמים בעולם, וחם בשנה, וראש בנפש, זכר בשא"מ, ונקבא בשמ"א. עד כאן. וזהו ההמלכות והצרופים של אמ"ש דוקא, וכן כל הצרופים של הכ"ב אותיות כולם מפורשים שם. ופירוש המליך אות **א'** ברוח כפי פירוש הרב ז"ל, ר"ל יחדה אל שורשה העליון שהוא הרוח שלה שלמעלה ממנה, כדי שתביא שפע מהמקור שלה, שהוא המקור שלה, ואז היא משפעת באחרים שהם **מ"ש**, ומצטרפת עמהם, וזה מה שכתוב - וקשר לו כתר, ר"ל היא גוברת עכשיו, והיא נעשית כתר לצורך שאר האותיות שהם **מ"ש**, אבל אי אפשר להצטייר על ידה אלא בהצטרפה עם שאר האותיות **מ' וש'**, כמו דמיון זיווג זכר ונקבה, ואי אפשר על ידי נקבה או זכר לבדו, וזהו פירוש וצרפן זה בזה, ר"ל **חברן**, כי הממליך צריך לכוין להמשיך מוחין מזה לזה, **באופן שיתחברו ויזדווגו, וייוציא הפעולה מביניהם**. וזהו פירוש וצרפן זה בזה, וצר בהם אויר בעולם, והיא הפעולה היוצאת מביניהם, שהוא תולדה של הרוח, כי הוא דומה לו. וכן בנפש צר על ידה גויה, כי כמו שהרוח הוא ממוצע, דהיינו שכלול מאש וממים, כך הגויה בנפש שהיא חג"ת שהוא קו האמצעי כנודע, שהוא סוד התפארת שכלול מחסדים וגבורות. וכן כנגדה עוד צר על ידו בשנה רויה, הוא כלול מקור וחם, שהם אש ומים. וזהו בזכרים שזה הסדר הוא כסדרו, והוא בחינת דוכרא, ולזה הם אמ"ש, אבל בנקבה הם אותיות אש"מ, והוא כמו שכתב הרב ז"ל בסמוך לקמן בצרוף אמ"ש וי"ה, וזה הם זכר, ונקבה היא אש"מ וה"י, וכן על דרך זה הפירוש של מוליד אות **מ'**. וכן המליך אות **ש'**, רק שזה הוא שורשו רוח, והמ' היא שורשה מים, והש' הוא שורשו אש, ודי בזה, וה' יאיר עינינו בתורתו אכי"ר.

75

בית לחם יהודה ש"ה פ"ז – והנה האותיות הם כוחות אצילות ועצמות הספירות. תיבת כוחות קאי גם על תיבת עצמות הספירות, וכאילו אמר הם כחות של האצילות, וכחות של עצמות הספירות, כי אין הנשמה שהיא אור העצמות, מראה פעולתה וכחה כי אם על ידי הגוף, שהם האותיות.

76

כרם שלמה ש"ה פ"ז אות י' – והנה האותיות, הם כוחות אצילות, ועצמות הספירות. והגרסא בספר יצירה היא כך, **האותיות הם הכוחות האצולים מעצמות הספירות** וכו', ונכון. פירוש כי האותיות הם כוחות של אורות שנאצלו מהמקור שלהם, שהוא למעלה מהם, והם הם עצמות הספירות, ר"ל פנימיות ונשמה וחיות הספירות. וז"ל רבנו הרש"ש בקי"ב ע"א, על ענין התורה עצמה - והענין הוא כי התורה היא שורש ומקור עצמות אור הנרנח"י המתפשטים בכל פרצוף, והוא הא"ס המתפשט בתוך הנרנחי דיחידה דחמשה פרצופי הכתר וכו' יעו"ש, וזהו על התורה עצמה. והכ"ב אותיותיה הם הלבושים שלה. ומה שהקדים ההקדמה מפני שר"ל אחר כך סוד המלכות והצרופים כיצד הם, ופשוט.

77

בית לחם יהודה ש"ה פ"ז – וסוד המלכות וצרופים. תיבת המלכות מנוקדת ה' פתח, מ' שבא, ל' קמץ, כ' שורק, דקאי על ספר יצירה שכתב מוליך אות פלוני וקשר לו קשר וכו'. כלומר וגם האותיות הם סוד המלכות וצרופים הנזכרים בספר יצירה. ואחר כך מפרש ואזיל, והענין הוא שכל הכוחות וכו', פירוש שהם האותיות הנקראים כחות לא יפעלו אלא בסוד חזרתם וצרופם אל מקוריהם וכו', כענין שכתב לעיל שי"ב אותיות שבתפארת נוטים פניהם כלפי השׁשה ספירות, שהם שרשי הי"ב פשוטות שבתפארת, כדי לינק מהם וכו', כי אין הגוף יכול לפעול מאומה בלא אכילה ושתיה, שהוא סוד הינִיקה הנזכר.

78

האותיות נעשים המלכות וצרופים, שממליכים כל אות בתיבה, לדוגמה אות **א'** בכתר וברוח. אות **מ'** החכמה ומים. אות **ש'** בינה ואש. וכן בשאר האותיות.

ספר יצירה פרק ג' משנה ז' – המליך אל"ף ברוח וקשר לו כתר, וצרפן זה בזה וצר מהן אוי"ר בעולם, רוי"ה בשנה, גוי"ה בנפש, זכר ונקבה, זכר באמ"ש ונקבה באש"מ.

ספר יצירה פרק ג' משנה ח' – המליך אות מ' במים וקשר לו כתר, וצרפן זה בזה וצר בהן אר"ץ בעולם, קו"ר בשנה, ובט"ן בנפש, זכר ונקבה, זכר במא"ש ונקבה במש"א.

ספר יצירה פרק ג' משנה ט' – המליך ש' באש וקשר לו כתר, וצרפן זה בזה וצר בהן שמי"ם בעולם, חו"ם בשנה, רא"ש בנפש זכר ונקבה, זכר בשמ"א נקבה בשא"מ.
79

תורת הצרוף נעלמה מהדור היתום הזה, ואין אחד היום שבקי בתורה זאת. חכמה זאת היתה ידועה לראשונים כמלאכים, ובניהם רבי אברהם אבולעפיה, רבי יצחק דמן עכו, וגדולי המקובלים מחכמי מרוקו בעמק הדרעא ובראשם המקובל האלה"י רבי דוד מל דרעא הלוי זצ"ל.

גמרא ברכות דנ"ה ע"א – אמר רבי שמואל בר נחמני אמר רבי יונתן, בצלאל על שם חכמתו נקרא, בשעה שאמר לו הקדוש ברוך הוא למשה, לך אמור לו לבצלאל עשה לי משכן ארון וכלים, הלך משה והפך ואמר לו, עשה ארון וכלים ומשכן. אמר לו (בצלאל ל) משה רבינו, מנהגו של עולם אדם בונה בית, ואחר כך מכניס לתוכו כלים, ואתה אומר עשה לי ארון וכלים ומשכן, כלים שאני עושה להיכן אכניסם, שמא כך אמר לך הקב"ה - עשה משכן ארון וכלים. אמר לו (משה לבצלאל) שמא בצל אל היית וידעת. אמר רב יהודה אמר רב - **יודע היה בצלאל לצרף אותיות שנבראו בהן שמים וארץ.**

גמרא סנהדרין דס"ה ע"ב – רבא ברא גברא, שדריה לקמיה דרבי זירא, הוה קא משתעי בהדיה ולא הוה קא מהדר ליה, אמר ליה מן חבריא את הדר לעפריך. רב חנינא ורב אושעיא הוו יתבי כל מעלי שבתא ועסקי בספר יצירה, ומיברו להו עיגלא תילתא, ואכלי ליה.

תיקוני הזהר, תיקון י"ג ע"א עם תרגום והסבר – **והמשכילים** אלו החכמים ומבינים את סוד ספר היצירה, שנקראים חכמי לב, כמו שכתוב בתורה כל חכם לב, והם ידעים את סוד ל"ב נתיבות חכמה, **בהון אשתמודעין אתוון** ונודע להם סוד האותיות שבהם נבראו שמים וארץ, כמו בצלאל, **דאתמר בהון** נאמר עם החכמים האלה, **יודע היה בצלאל לצרף אותיות שבהם נברא שמים וארץ**, שמים הם סוד ז"א, וארץ היא סוד המלכות, כ"ב האותיות ועשר ספירות דזו"ן הם ל"ב נתיבות חכמה שבספר היצירה, ובאותה דרך שנאצלו ונבנו העולמות על ידי אותיות והספירות, כך עשה בצלאל ובנה את המשכן.

שם הגדולים לחיד"א, רבינו יצחק דמן עכו – כתב בסוף נובלות חכמה, דהיה תלמיד חבר ובעל סודו של הרמב"ן, וראיתי קונטרסים כתב יד ממנו מפעולות שהיה עושה על ידי חכמת הצרוף, ובאים אליו מלאכים ומגלים לו סודות ופעולות, ונודע דשורש פעולות השמות נמצאת בדור אחרון מהרב יצק דמן עכו.

ספר המלכות, הקדמה – רבי דוד בן רבי שמואל הלוי, המכונה רבי דוד מול דרעא הלוי, נולד לאימו בלידה בסביליה שבספרד. יש אומרים שהוא הגיע בשנת הרנ"ב, שנת הגירוש הגדול, למרוקו. הוא הגיע עם המגורשים מסביליה, שהיו ברובם כהנים, לעיר דבדו שבצפון מזרח מרוקו. בפתח העיירה נמצא עד ימינו מעיין הנקרא עין סביליה. קרוב לוודאי שכבר בספרד, נשתלם רבי דוד כתלמיד חכם בכל מקצועות התורה, טייל בפרד"ס, והתוודע לחכמת הקבלה ולחכמת הצרוף. זאת ניתן ללמוד מכך שבספרו הנודע, ספר המלכות, הוא מזכיר את רבי אברהם אבולעפיה מחבר ספר הצרוף, חיי העולם הבא, וספרים נוספים העוסקים בחכמה נבואית זו. יתכן שכבר בהיותו בספרד נתוודע גם לכתביו של רבי יוסף ג'יקאטיליה, מחבר הספרים "גינת אגוז" ו"שערי אורה", וגדול תלמידיו של הרואה - רבי אברהם אבולעפיה. במסע נדודיו הגיע רבי דוד עם קהילת סביליה לעיר הכהנים דבדו. מאוחר יותר ירד לחבל הדרעא, **חבל המקובלים הנודע**. לפני שהדרים, שהה תקופת מה בעיר פז ובה למד אצל רבי יהודה עוזיאל. לאחר מכן נדד עד הגיעו לתאמגרות, עיר בחבל הדרעא, בה ישבה קהילה קדומה. סביר להניח שגם רבי דוד, כרבי יצחק דמן עכו, ירד למחוז זה, במודע או שלא במודע, על ידי א"ל נורא עלילה, כדי להשתלם בחכמת הצרוף בה העמיק והפליג בצורה פלאית. בספר חדר בריווח, מובאת מסורת מדהימה שהיתה בקרב יהודי מראקש, לפיה, רבי דוד אבוחצירא הי"ד, זכר צדיק וקדוש לברכה, נכדו של אביר יעקב אבוחצירא זצוק"ל, היה משורש נשמתו של רבי דוד דרעא הלוי, ובא לתקן ענין עזיבתו את העיר דבדו, בהותירו אותה בלא מנהיג רוחני בעל גדלות בתורה כמותו. ניתן להניח

וברואים כמו המאציל התברך **(נ"א כזה אצולים מעצבות הספירות וסוד המלות והצירופים)** כמו שמבואר **בספר יצירה.** וסוד[80] **הענין הוא שכל** אותם הכזוזת לא **יפעלו** את תכלית הפעולה הרצויה מהם, שהוא זיווג, תולדה והמשכה **אלא בסוד זזרתן וצירופם**

של האותיות **אל מקוריהם** שהוא שורשם, כגון שם הוי"ה ב"ה, תחילה כל שם הוי"ה וכוחותיו הם גנוזים בקוץ של י'. אחר כך התפשטו לאות י', ובאות י' נכללו אותיות ה' ו' ה' וכוחותיהם. אחר כך התפשטו לאות ה' הראשונה דהוי"ה, ונכללו בה אותיות ו' ה' וכוחותיהם. אחך כך התפשטו לאות ו' ונכללה בה אות ה' האחרונה דהוי"ה וכוחותיה. ובסוף התפשטה אות ה' האחרונה דהוי"ה וכוחותיה. כך היה שם הוי"ה ב"ה מתפשט ביושר **י'–ה'–ו'–ה'.** ובחזרת שם הוי"ה למקורו נרמז הצרוף באותיות הוי"ה למפרע **ה'–ו'–ה'–י'.** כאשר אות ה' האחרונה דהוי"ה עולה לאות ו' ונכללת עמה. ואותיות ה' ו' עולות לאות ה' הראשונה דהוי"ה, ונכללות בה. ואחר כל אותיות ה' ו' ה' עולות לאות י' ונכללות בה.

ולבסוף כל אותיות הוי"ה עולות לקוצו של י', שהוא שורשם, **ואז יושפע עליהם שפע רב וזזק**

משורשם, **לשיוכלו הם לפעול פעולתן בזזוק. וזה סוד המליך** מלשון המלכה **אות פלונית, הנזכר בספר יצירה** בפרק ג', **כי יזזדה וקשרה** את האות **אל שרשה** ומשורשה היא מקבלת הארה, **ואחרי שעלתה האות לשורשה אז הוציא פעולה אזות ממנה.**[81]

שרבי דוד הלוי נתקבל בכבוד מלכים במחוז הדרעא, ומהרה יצא שמו למרחוק ונתפרסם בכל מחוזות מרוקו וספרד כחכם גדול, מקובל ומלומד בניסים. הם ניצלו את חכמתו הרבה ומינוהו כראש ויועץ לכל דבר שבקדושה. הם בוודאי העמידו לרשותו כתבי יד והעתקי כתבי יד רבים שהיו בידיהם, כתבים שעסקו בזוהר הקדוש ובקבלה הקדמונית, קבלת הצרוף. רבי דוד ריכז סביבו חוג תלמידים, חוג מקובלים והנודע שבהם רבי מרדכי בוזגלו בוזגלו מחבר "מעיינות החכמה" שנגנז, ונמצא לאחרונה. תלמיד נוסף שכנראה לא למד מפיו, אך למד, חקר והעמיק בתורתו ובכתביו הוא רבי אברהם אסקירה, שסידר את ספר המלכות, ופרש עליו את פירושו הנפלא גנזי המלך.
80

השורשים משפיעים בענפים כדי שהענפים ישפיעו למטה. אבל כדי שהענפים יקבלו שפע מהשורשים כדי להשפיע, הענפים צריכים לעלות לשורשם כדי לקבל הארה מהשורש, ואז הענפים יורדים ומשפיעים למטה, כמו שמבאר הרב ז"ל את סוד נענועי הלולב.

שער הכוונות, דרושי חג הסוכות, דרוש ה' – ועתה נבאר סוד הנענועים, הנה נתבאר כי הכוונה בנטילת לולב הוא כי ד' מינים אלו הנפרטים בז' בחינות, שהם ז' בחינות חסדים המתפשטים בז' תחתונות דז"א, אנו מנענעים אותם, ומעלים אותם למעלה עד השרשים שלהם אשר בדעת דז"א כנודע, ומקבלים הם עצמם שם הארה גדולה כשעולים שם, שהוא סוד ההולכה שבלולב, ואחר כך בחזרת הובאת הלולב, מורידין הארה אל הנוקבא, כדי לתת בה בחינת ז' חסדים הפנימים בז' ימי החג כנ"ל, ולולי הנענוע לא היו מקבלים הארה כנ"ל, כי הארות הם שם סתומים, ועל ידי הנענוע מתעוררים ומאירים בהם. וזה סוד הולכת והובאת הלולב, ותכוין בהולכתו כי הוא עולה בדעת לקבל הארה משם, ובהובאתו תכוין להמשיך הארה ההיא אל הנוקבא, אשר עומדת ראשה במקום החזה, ולכן צריך לכוין להביא קצה הלולב עד החזה שבך, ותגיעהו שם ותכוין כי אתה המנענע הלולב נרמז בז"א, אשר מנענע החסדים שבו, שהם הלולב ומיניו עד הדעת שבו, וממשיך הארה אל נוקביה אשר ראשה כנגד החזה שבו, ואין הנוקבא הזו בחינת האתרוג כנ"ל, ובכח הכאת החסדים שהם הלולב ומיניו הם בפנים המכים בחזה, גורם שיצא משם הארה בחוץ אל ראש רחל, שהיא עמו פנים בפנים כל הימים האלו כנ"ל בדרוש א', ונכנסים בה החסדים הפנימיים, ולכן ענין נטילת הלולב ניטל אחר תפלת שחרית, קודם תפלת מוסף, לפי שאז היא עדיין עמו פנים בפנים מן החזה ולמטה, אבל בתפלת המוסף עולה יותר למעלה מן החזה כנודע.
81

מי"ב האותיות הפשוטות שהם ה', ו', ז', ח', ט', י', ל', נ', ס', ע', צ', ק'. יוצאות פעולות של ראיה, שמיעה, ריחה, שיחה, לעיטה, תשמיש, מעשה, הלוך, רוגז, שחוק, הרהור, שינה, כמבואר בספר יצירה.

תרשים ז – כ"א.

וְעֶשֶׂר אותיות הַנַּ"ל אשר מתחלקים העשר הספירות, והם אמ"ש בג"ר, ובג"ד כפר"ת הז' תחתונות, **כּוֹלֶלֶת כל הכ"ב** אותיות, **וְהֵם אָמַ"שׁ** בכתר חכמה בינה, **בַּגַ"ד כָּפַרַ"ת** בחג"ת נהי"ם, כנזכר, **בְּסוֹד י' סְפִירוֹת כְּסִדְרָן מִלְמַעְלָה לְמַטָּה** מספירת הכתר עד ספירת המלכות **(נָ"א מִלְמַטָּה לְמַעְלָה)**, וספירת התפארת כוללת בתוכה את **י"ב** אותיות **פְּשׁוּטוֹת, שֶׁהֵם י"ב גְּבוּלִין** דאלכסון. הרב מבאר את סוד צרופי האותיות אמ"ש שבספר יצירה. **וְסוֹד**[82] אותיות **אָמַ"שׁ** שהם נוטריקון אויר, מים, אש, הם אותיות **וי"ה**[83] דשם הוי"ה[84], ר"ל ג' האותיות הראשונות דשם הוי"ה שהם אותיות

בית לחם יהודה ש"ה פ"ז – וסוד אמ"ש וי"ה. כלומר וסוד אמ"ש וג' אותיות **וי"ה** הנזכרים בספר יצירה בסוף פרק א', וכן ענין ההמלכות שלהם. סודם הוא רמז לכלים דג"ר דז"א, כי אות **א'** שהוא רוח, הנקרא אויר, שאינו לא חם ולא לח, הוא רמז לכתר שהוא קו האמצעי. וכנגדו אות הו' דשם וי"ה, שהוא קו אמצעי. ואות **מ'** דאמ"ש, הוא רומז לחכמה, שהוא מים, כי היא בקו ימין, בחינת החסד, והחכמה היא אות יו"ד דהוי"ה. ואות **ש'** שהוא אש, רמז לבינה, ראשית קו השמאלי, והבינה היא אות ה' ראשונה דהוי"ה, ולכן כמו שנצרף אותיות אמ"ש לששה צרופים, כן נצרף לעומתם ג' אותיות **וי"ה**, שהם מקור האמ"ש שמהם יונקים.

הגהות וביאורים (טז) – ויה"ו ספר כתב יד.

שער הגלגולים, הקדמה ח"י – ענין הנבראים. דע, כי ד' יסודות הם, וסימנם ארמ"ע, ראשי תיבות, **אש, רוח, מים, עפר. והם הם עצמם ארבע אותיות ההוי"ה**, כמבואר בזוהר ריש פרשת וארא ומהארבעה יסודות אלו שהם רמוזים בארבע אותיות ההוי"ה, מהם נתהוו ונבראו כל הברואים שבעולם זה. וכפי היסוד שנתגבר בנברא ההוא, על שאר היסודות, כך היה השנוי שמן הנברא ההוא אל זולתו, ואמנם ידעת, כי ד' אותיות ההוי"ה מצטרפים בי"ב צרופים, ועל דרך זה הולכים ומתרבים הצרופים, משונים זה מזה, ממדרגה אל מדרגה וממספר אל מספר, עד שהם מספר ס' רבוא צרופים, על ידי הנקודות שבהם כנודע. ומן הצרופים ששים רבוא הנזכר, יש בחינותיהם במספרם בארבע היסודות, ועל כן היה כח בארבע היסודות להרכיב ולהוליד נבראים משונים זה מזה לאין קץ, וכלם מבחינת ארבע היסודות בלבד. אמנם שינויהם הוא, כפי כח היסוד הגובר בנברא ההוא כנז"ל, וכמו שכתב הרמב"ם ז"ל בהלכות יסודי התורה.

שערי קדושה למהרח"ו חלק ג' שער א', במהות העולמות בתכלית הקצור – הנה המאציל העליון אשר האציל כל העולמות נקרא אין סוף, ואין בו שום תמונה לא בשם, ולא באות, ואפילו בקוצי האותיות כלל, ולכן אפילו ההרהור אסור בו. והאציל חמשה עולמות, זה נשמה לזה וזה לזה, והן, אדם הקדמון הנזכר בספר התיקונים (בתיקון י"ט ובריש תיקון ע' ובכמה מקומות) ובלשון הגאונים נקרא צחצחות. השני עולם האצילות. השלישי עולם הבריאה. הרביעי עולם היצירה. החמישי עולם העשיה. ואלו החמשה עולמות נקראו **הוי"ה אחת**, כי קוצו של יו"ד הוא א"ק, והיו"ד אצילות, וה"א ראשונה בריאה, והוא"ו יצירה, וה"א אחרונה עשיה. ולפי שא"ק לרוב העלמו אין לו תמונת אות אלא קוצו של יו"ד, כי האין סוף אפילו תמונת קוץ אין לו, לכן אין אנו מזכירין לעולם אלא ארבעה עולמות אצילות, בריאה, יצירה, עשיה, כי הם אותיות גמורות, וארבעתם יחד נקראים שם הוי"ה. עוד נתחלקו אלו הארבעה לתשע מדרגות, והם חכמה, ובינה, ושש קצוות התפארת, ומלכות. כי אלו הארבעה נקרא ארבעה יסודות עליונים, שהם ארבעה עולמות אצילות, בריאה, יצירה, עשיה. ונחלקים לתשע ספירות, ואמנם קוצו של יו"ד שהוא א"ק העולם החמישי העליון, כולל כולם, ובו לבדו שורש כל ארבעה היסודות, שהם ארבעה עולמות, אצילות, בריאה, יצירה, עשיה. ונמצא כי לעולם לא יש יותר מארבעה יסודות בלבד. כלל העולה כי האין סוף אינו נכלל בשום חשבון כלל. ואחר כך העולמות, בתחלה הם כללות אחד, והם שם אחד של הוי"ה. ואחר כך נחלק לארבעה יסודות, זולת השורש שלהם שהוא א"ק, קוצו של יו"ד, והיא הספירה העשירית העליונה מכולם הנקרא כתר, ואחר כך אלו הארבעה יסודות נחלקו לתשע ספירות כנזכר. והנה כל זה נכללין בשתי חלוקות והם המאציל והנאצלים כולם. וזהו שכתוב בפרקי רבי אליעזר (פרק כ"ג) עד שלא נברא העולם, רצונו לומר העולם הזה, היה הוא ושמו אחד, כי האין סוף הנקרא

יה"ו[85], כאשר אות **ו'** דהוי"ה היא שורש לבחינת האויר, קו האמצעי, קו הרחמים. אות **י'** דהוי"ה היא שורש לבחינת המים, קו ימין, קו החסד. אות **ה'** דהוי"ה היא שורש לבחינת האש, קו שמאל, קו הגבורה, ואותיות יה"ו **הם ג'ר כתר**[86], חכמה, בינה והם שורשים ליסודות אמ"ש הרוחניים, ושורשים ליסודות אמ"ש הגשמיים. **וטעם**[87]

הוא, והנאצלים הכלולים בשמו שהוא הוי"ה אחת, הכל אחד, כי היתה השלהבת גנוזה בגחלת. והנה נתבאר כי כל העולמות נכללים בשם הוי"ה, הנחלקת לארבעה יסודות, ולעשר ספירות, וכמו כן כל עולם מהם נפרט על דרך זה. כיצד, הנה עולם האצילות שהוא אות יו"ד הנקרא חכמה, נחלק לכל הבחינות הנזכרות. ויש בו הוי"ה אחת שלמה נחלקת לארבעה יסודות, ועשר ספירות גמורות, על דרך הנזכר בכללות כל העולמות ממש, ועל דרך זה הוא בכל עולם מחמשה עולמות הנזכרים, ועל דרך זה עוד הולך ונפרט הענין בתכלית הפרטות עד שנמצא כי אפילו בזה העולם השפל, **אין לך בריה קלה שאין בה כללות ארבע אותיות ההוי"ה, וכללות עשר ספירות.** וכל זה להורות כי הכל נברא מכח המאציל יתברך, ואין זולתו. עוד הקדמה אחרת והיא כי כל אלו הבחינות והמדרגות מרום אדם הקדמון עד התהום שבעולם השפל, כולם הם זו למעלה מזו, וזו לפנים מזו, כי העליון מחברו מתלבש תוך התחתון ממנו, כנשמה לגוף, ואמנם אין כל כללות העליון מתלבש בתחתון, רק בחינה פרטית תחתונה שבעליון מתלבש בכל התחתון, וכן על דרך זה עד סיום העולמות. באופן שכל העולמות, הן כולן בכללות, הן כל בחינה מהם, אפילו בעולם השפל, בכל פרט מהם, הכל הוא בדרך זה, כי זה עליון מזה וזה פנימי מזה עד שכולן הן כענין לבושים אל לזה וכולן לבושים אל האין סוף ונשמה לכל הנשמות. ואמנם בכל אלו החמשה עולם יש הבדל בהתפשטות האורות עד היכן מגיעין, כדי שיהיה הפרש בין זה לזה וכן יש הפרש אחר בפרטי הארבעה יסודות שבכל עולם, וכן בפרטי הפרטות, ואין זה מקום באור ענין זה. ונמצא כי כמו שבדרך התפשטות האורות מלמעלה למטה, אין לך ספירה שאינה כלולה מכל העשר ספירות, וכל ספירה וספירה מתחלקת לאלפים ולרבבות ספירות, כן הענין בהתפשטות האורות מבפנים ולחוץ יהיה על דרך זה, כי הפנימי שבכולם נקרא כתר, והחיצון שעליו חכמה, והחיצון שעליו בינה, והחיצון שעליו שש קצוות התפארת, והחיצון שבכולם מלכות. וכן כל בחינה ובחינה היא נחלקת בדרך זה לאלפים ורבבות פרטי פרטים. ולפי שבאור ענין זה בכל שאר העולמות נתבאר אצלנו זולת ענין העשיה, לכן נבאר ענינו בקצור נמרץ מה שיש צורך אל דרוש מבוקשנו פה. הנה שבעה רקיעין הן, והעליון נקרא ערבות, לפי שכולל שלש ספירות ראשונות דעשיה, והם גלגל השכל, גלגל המקיף, גלגל המזלות. וחמשה גלגלים שבתאי, צדק, מאדים, חמה, נגה, שהם חסד, גבורה, תפארת, נצח, הוד, וגלגל ששי יסוד, כולל כוכב ולבנה. והאחרון נקרא וילון, אינו משמש כלל, כי הוא ספירת מלכות דעשיה וגם היא בעצמה נחלקת לעשר ספירות שבה. והם, וילון כתר שבה, וארבע היסודות אש, רוח, מים, עפר שבעולם השפל, הם חכמה ובינה ושש קצוות התפארת והמלכות. **ונמצא שהמלכות שבמלכות שבה היא יסוד העפר, כלי וגולם לכל העולם כלו, ובזה היסוד העפר נמצאו כל התולדות שבה כלולים מכל הארבעה יסודות הנזכרים,** בסוד היה מן העפר.

85

את אות ה' האחרונה דהוי"ה הרומזת לבחינת המלכות, ולבחינת יסוד העפר הרב ז"ל לא מזכיר כאן, מפני שהמלכות לעולם לית לה מגרמא כלום, והיא מקבלת מכללות ט' הספירות העליונות. יוצא שעיקר היסודות הם אמ"ש, ועיקר אותיות הוי"ה הם יה"ו.
תרשים ז – כ"ב.
ספר יצירה פ"א משנה י"ג – בירר **שלש אותיות מן הפשוטות בסוד שלש אמות אמ"ש, וקבעם בשמו הגדול**, וחתם בהם ששה קצוות. חמש חתם רום, ופנה למעלה, וחתמו ב**יה"ו**. שש חתם תחת, ופנה למטה, וחתמו ב**הי"ו**. שבע חתם מזרח, ופנה לפניו, וחתמו ב**וי"ה**. שמונה חתם מערב, ופנה לאחריו, וחתמו ב**וה"י**. תשע חתם דרום, ופנה לימינו, וחתמו ב**יו"ה**. עשר חתם צפון, ופנה לשמאלו, וחתמו ב**הו"י**.

86

באותיות יה"ו דהוי"ה הסדר הוא **י'** חכמה, **ה'** בינה, **ו'** דעת. והסיבה שהדעת היא במקום הכתר היא מפני שבחינת הכתר היא בחינה נעלמת, ובה בחינת שורשי המוחין הנקראים חב"ד, והמוחין עצמן נמצאים תוך הגולגולתא, והיא חיצוניות המוחין שבכתר. וכמו שהרב כרם שלמה כתב בפרקין אות י"ג כי הדעת היא חיצוניות הכתר. ועוד בשער הכוונות מבאר הרב ז"ל את כוונת נענוני הלולב לפי סדר יה"ו בחב"ד ולא בכח"ב. ומרן הרש"ש סידר כוונות אלו בסידורו הטהור.
תרשים ז – כ"ג.

הַקְדָּמַת אות[88] **א'** שהוא יסוד האש בְּאותיות **אמ"שׁ** ואות ו' באותיות יה"ו **כִּי גַם** (כי) **כֹל הַדְּבָרִים** והנבראים **מוּרְכָּבִים מֵאֵשׁ, מַיִם, וְרוּחַ** ועפר, **עִם כָּל זֶה עִיקָר הַכֹּל**

ע"ח שכ"ג פ"א מ"ת דק"ו ע"א – והנה בחינת הכתר דז"א צריך שתחילה נבאר מה ענינו, אם הוא מכלל מוחין דז"א, או לאו, אם מכלל העשר ספירות דז"א, או לאו, כי בדבר זה יש מחלוקת גדולה בין המקובלים. ובספר יצירה נתבאר שהחשבון עשר ספירות מתחיל מן החכמה, כמו שכתבת אחת היא רוח אלהי"ם חיים כו', וכן אמרו אין ראשית אלא חכמה, וראיות הרבה לסברא זו, גם מה ענין הבנת לשון כתר ולמה נקרא כך. והנה כפי הנראה מפשטות לשון התקונים, וספר הזוהר, נראה כי הכתר הוא גולגלתא, וחב"ד הם המוחין שבתוך הגולגלתא, ואם כן הוא נמצא שהכתר הוא גרוע בתכלית הגרעון, כי הוא נעשה חיצוניות ולבוש אל המוחין, כדרך הגולגלתא המקיף ומלביש את המוחין, ואין ספק שתכלית ועיקר הם המוחין, כי הגלגלת הוא כלי ומלבוש טפל אליה, ודבר זה לא יעלה על דעת תינוק בן יומו, כי הרי כתר גדול לאין קץ על החכמה ותבונה ודעת, ונחשבו אצלו כלא היו. אבל הענין הוא כי הנה המוחין הם חב"ד, אבל שרשם של הג' מוחין נשאר למעלה הרושם שלהם ומציאותן בכתר, ואותן המוחין שבכתר הם גדולים ומעולים לאין קץ על המוחין הנקרא חב"ד. ולכן תמצא באדרת נשא שכאשר מבאר סדרי ספירות הכוללות כל האצילות אשר הא"א נקרא כתר, ואו"א חו"ב, מזכיר שם בא"א בחינת גולגלתא, ומוחא סתימאה דיליה. אמנם חו"ב הם או"א שהם ענפים היוצאין ממוחא סתימאה דא"א הנקרא כתר, וכן הוא הענין בעשר ספירות הפרטות שבכל פרצוף, ואם כן בודאי כי המוח הסתום שבכתר הוא גדול מאד מן חו"ב אשר בפרצוף ההוא, כי הרי מן הכתר נאצלו הם, ובהכרח הוא שבחינת ד' מוחין שהם חו"ב ודעת הכולל חו"ג שארבעתן יהיו נמצאים בכתר בודאי, כמבואר אצלינו בברכת שים שלום של העמידה, לכן הם ד' כריעות ודי' זקיפות ע"ש. נמצא כי המוחין הם למטה מבחינת הכתר, ואינם בתוכו, כי הכתר גבוה מאד מהם, והם למטה ממנו לגמרי. אמנם בכתר יש בו בחינת פנימית שהם מוחין שבו בעצמו ממש, ובחינת החיצוניות שהוא הגולגלתא, אלא שחיצוניות שהוא הגולגלתא מתפשטת עד למטה ומלבשת גם את המוחין הנקרא חב"ד, אבל עיקרית הכתר אינו אלא למעלה על אלו המוחין. ועיין בביאור אותו מאמר ג' רישין אתגלפין דא לגו מן דא, הנזכר בתחלת אדר"ז דף רפ"ח, ומשם תבין ענין זה המוח שבכתר, שהוא מלבד המוח עצמו מה ענינו.

שער הכוונות, דרושי סוכות, דרוש ה' – ועתה נבאר הנענועין הנזכרים בסוד השמות אשר יש בהם, והענין הוא במה שנודע כי ג' המוחין הם ג' אותיות יה"ו, יו"ד בחכמה, ה' בבינה, ו' בדעת, וכיון שכל קצה מהו"ק שבדעת כלול מג' המוחין יש בו שם אחד של יה"ו, אמנם אינם דומים זה לזה, כי הם נחלקים בבחינת ו' צרופיו כנזכר בספר יצירה.

[87]

הגהות וביאורים (יז) – ועיל פרק ו', ובריש פרק ג' משער כ"ד.

[88]

לאותיות אמ"ש יש ו' צרופים, וכן לאותיות יה"ו יש ו' צרופים, כי ג' אבנים בונים ו' בתים. כאשר יסוד הרוח הצרוף הוא אמ"ש שהוא צרוף **וי"ה**, הוא בחינת הזכר בקו האמצעי, ספירת התפארת, צד מזרח. צרוף אש"מ שהוא צרוף **וה"י**, הוא בחינת הנקבה שבקו האמצעי, ספירת היסוד, צד מערב. ביסוד המים הצרוף מא"ש שהוא **יו"ה**, הוא בחינת הזכר בקו הימין, ספירת החסד, צד דרום. צרוף הוא מש"א שהוא **יה"ו**, הוא בחינת הנקבה שבקו ימין, ספירת נצח, צד מעלה. ביסוד האש הצרוף הוא שא"מ שהוא **הו"י**, הוא בחינת הזכר בקו שמאל, ספירת גבורה, צד צפון. צרוף מא"ש שהוא **הי"ו**, הוא בחינת הנקבה בקו שמאל, ספירת הוד, צד מטה.

תרשים ז – כ"ד.

והם סדר הנענועים לפי שער הכוונות.

תרשים ז – כ"ה.

ספר יצירה פ"ד משנה ט"ז – שתי אבנים בונות שני בתים, **שלש אבנים בונות ששה בתים**, ארבע אבנים בונות ארבעה ועשרים בתים, חמש אבנים בונות מאה ועשרים בתים, שש אבנים בונות שבע מאות ועשרים בתים, שבע אבנים בונות חמשת אלפים וארבעים בתים, מכאן ואילך צא וחשוב מה שאין הפה יכול לדבר, ואין האוזן יכולה לשמוע.

הוּא עַל יְדֵי הֵרוֹזֵ שהוא היסוד הנמצא ביותר בעולם[89], **שֶׁהוּא אוֹת א'** מאותיות אמ"ש. בסוגיה זאת הרב ז"ל מחלק את ו"ק לזכר ולנקבה[90], כאשר חג"ת שהם צירופי מא"ש, אמ"ש, שמ"א והם צירופי יו"ה, וי"ה,

---

שער הכוונות, דרושי סוכות, דרוש ה' – ועתה נבאר הנענועין הנזכרים בסוד השמות אשר יש בהם, והענין הוא במה שנודע כי ג' המוחין הם ג' אותיות יה"ו, יו"ד בחכמה, ה' בבינה, ו' בדעת, וכיון שכל קצה מהו"ק שבדעת כלול מג' המוחין, יש בו שם אחד של יה"ו, אמנם אינם דומים זה לזה, כי הם נחלקים בבחינת ו' צרופיו, כנזכר בספר יצירה, וזה פרטן - יה"ו בדרום, הו"י בצפון, וי"ה במזרח, הי"ו במעלה, הי"ו במטה, וה"י במערב. וביאור הענין היא על אף כי שכל קצה מהם כולל ג' מוחין שהם ג' אותיות יה"ו, אינם שוים כי החסד שהוא קו הימין גובר בו אות י', וצפון שהוא גבורה קו שמאל גובר בו אות ה"א, ומזרח שהוא התפארת קו אמצעי גובר בו אות ו', הרי הם ג' קצוות ראשונים. והנה גם ג' קצוות האחרונים הם על דרך הנזכר בג"ר, כי במעלה שהיא נצח גובר אות יו"ד, ובמטה שהוא הוד גובר אות ה"א, ובמערב שהוא היסוד גובר אות ו', אבל יש ביניהם שינוי בסדר האותיות האחרונות שבכל שם מהם, כי בחסד קודמת ה' אל וא"ו, כי כן הוא הסדר האמיתי שהגבורה היא קודמת התפארת שהוא ה' על ו'. אבל בנצח קודמת ו' על ו', מפני שהתפארת גובר בו על הגבורה, לפי שנצח יונק מן התפארת. וכן בגבורה שהוא דין גמור, כל אותיותיה הם למפרע בסוד הדין כנודע, בסוד פסוקים של ויסע, ויבא, ויט, ולכן לא די שבו גוברת אות ה' בראש כולם, אלא אף אות ו' שהוא התפארת גובר על י' שהוא בחסד, אבל בהוד שאינו כל כך בחינת דין כמו הגבורה, לכן על אף פי שאות ה' גברה בו בראש כולם, אמנם אות י' שהוא חסד גובר בו ו' על וא"ו שהוא תפארת, כי זה סדרן האמיתי. וכן במזרח שהוא התפארת התפארת גברה י' שהוא החסד, על גבורה שהוא ה', אבל ביסוד שהוא מערב, שהוא בחינת דין יותר מן התפארת כנודע, בסוד יצחק ק"ץ ח"י, דנטיל לשמאלא כנזכר בספר הזהר, לכן אות ה' גברה בו על אות י', שהוא גבורה על החסד. והנה נתבארו ו' צרופי שם יה"ו הנזכר בספר יצירה, אשר הם למעלה בו"ק הדעת, וכן דוגמתם הוא בו"ק התחתונות דגופא דז"א כנזכר בספר הזהר. ובאלו הו' צרופים נברא העולם כנזכר בספר יצירה, כי העולם הוא ו"ק אלו. ועדיין אנו צריכין להודיעך כי אלו הו' צרופים כו', צריך לכוין בסוד מילויים והם דרום במילוי יודי"ן כזה **יוד הי וי**ו. צפון במילוי ס"ג כזה **הי ואו יוד**. מזרח במילוי מ"ה כזה **ואו יוד הא**. מעלה במילוי יודי"ן **יוד וי הי**. מטה במילוי ס"ג **הי יוד ואו**. מערב מילוי מ"ה כזה **ואו הא יוד**. ונמצא כי כיון שהכוונה היא לכוין להמשיך הארה מאלו הי"ח אותיות שבדעת, שהם ו' שמות צרופי יה"ו אל הנוקבא העומדת בחזה, בבחינת הובאת הלולב כנ"ל, אם כן תכוין עתה כי על ידי ה' תתאה שהיא בנוקבא, והיא הוי"ה דב"ן, נשלם שם יה"ו בכל ו' צרופיו, ונעשה הוי"ה שלם, כנזכר בספר הזהר בפרשת ויקרא, בר"מ בדי"ז ע"א.

כרם שלמה ש"ה פ"ז אות י"ג – והוא נודע כי כל תיבה בת ג' אותיות היא בונה ו' בתים. פירוש צרף ותתהפך בששה תיבות משונים זה מזה, כמו תיבת **אמ"ש** דהכא תצטרף לששה צרופים, כי פעם **א'** גובר, ופעם ה**מ'** גוברת, ופעם ה**ש'** גובר. והששה צרופים שלה הרב ז"ל מונה אותם בכאן אחת לאחת, ונותן טעם לכל אחת ואחת, ועוד משתף עמה **יה"ו** של ההוי"ה, שהם חכמה, בינה, ודעת, כי **יו"ד** חכמה, וה**ה'** בינה, וה**ו'** דעת, והדעת הוא ממלא מקום הכתר כנודע, כי הדעת הוא חיצוניות הכתר, והדעת רמוז באות ו' כי הוא נשמת הו"ק, בסוד דעת אתי בשית סטרין. ולזה צרוף ה**א'** שהוא אמ"ש שהם בג"ר כח"ב, כי **א'** בכתר, וה**מ'** בחכמה, וה**ש'** בבינה, הצרוף שלו הוא וי"ה, כי אף על פי שהו' אות הדעת, כבר אמרנו שהדעת הוא חיצוניות הכתר ממלא מקום הכתר, וזהו בחיצוניות הספירות כנזכר, כמו שכתב הרב ז"ל בשער כ"ג, וזהו מה שכתוב כאן אמ"ש וי"ה הם בג"ר, פירוש כי צרוף אמ"ש המוזכר בספר יצירה הוא כתר, חכמה, בינה, והוא כנגד צרוף וי"ה של ה**יה"ו** של הוי"ה. והטעם שהביא צרוף וי"ה שהוא חב"ד, והניח הדעת במקום הכתר, מפני שהכתר לא נרמז באות, כי אם בקוץ היו"ד של ההוי"ה, אבל הדעת שנטל חיצוניות הכתר נרמז באות ו' של ההוי"ה. ואלו הו' צרופים של יה"ו של ההוי"ה סדר אותם רבינו ז"ל בשער הכוונות בדרוש ה' דסוכות דף ק"ו, בסוד הנענועים של הו"ק, וז"ל שם - והענין הוא במה שנודע כי ג' המוחין הם ג' אותיות יה"ו, **י'** בחכמה, **ה'** בבינה, **ו'** בדעת, וכיון שכל קצה מהו"ק שבדעת כלול מג' המוחין, יש בו שם אחד של יה"ו, אמנם אינם דומים זה לזה, כי הם נחלקים בבחינת ו' צרופיו כנזכר בספר יצירה. וזה פרטן - **יה'**ו בדרום (בחסד). **הו'**י בצפון (בגבורה). **וי'**ה במזרח (בתפארת). **יו'**ה מעלה (בנצח). **הי'**ו במטה (בהוד). **וה'**י במערב (ביסוד).

כל מה שנחוץ לנבראים יותר האציל המאציל יתברך בעולמו בכמות יותר גדולה, ובמחיר יותר נמוך, יסוד הרוח הוא הנחוץ ביותר לנבראים, לכן הוא נמצא בכל מקום, הכמות הגדולה ביותר בעולם, והוא בחינם. שני לו יסוד המים שהוא תופס 72% מקרקע העולם, והוא נחוץ לכל הנבראים. שלישי יסוד האש, והוא החום שכל נברא צריך לו, מפני שכל נברא מהדצח"מ צריך חום, ויש בו חום לפי ערכו. ואחרון יסוד העפר, לא כל הנבראים צריכים לו. ועוד צריך לדעת כי כל יסוד מיסודות אלו מתחלק לחלקים פרטים רבים, כאשר חלקים אלה מורכבים מד' יסודות ארמ"ע, בכמות ואיכות שונה מבריאה לבריאה.

בן איש חי, שנה שניה, פרשת פנחס – לאלה תחלק הארץ בנחלה במספר שמות, נראה לי בס"ד על פי מה שכתב הרב מדרש תלפיות רז"ל דמה שאמרו רז"ל שיש ד' יסודות ארמ"ע, זהו בכללות, אבל בפרטות הנה ד' יסודות הנזכרים כל אחד יש בו חלקים רבים במדרגות זו למעלה מזו, וענינם הוא כי כ"ז אותיות התורה יש מהם שבעה אותיות שהם מיסוד האש, והם אותיות אהט"מ פש"ן. ושבעה אותיות שהם מיסוד הרוח. וששה אותיות מיסוד המים. ושבעה אותיות מיסוד העפר. ובכל אות ואות יש בה כ"ח מדרגות. כיצד אות ראשונה משבעה אותיות דיסוד האש היא אות א'. יש בה כ"ח מדרגות באש שבה, וכל מדרגה חלושה ממדרגה הקודמת לה, ואף על פי כן מדרגת הכ"ח היא תקיפה וגדולה יותר מן מדרגה הראשונה אשר בכ"ח מדרגות שיש באות ה', שהיא אחר אות א' של השבעה אותיות הנזכרות. וכן על זה הדרך בכולם ועל זה אמרו רז"ל - רבי מאיר בדיק בשמא, שהיה יודע לשקול מספר יסודי אותיות שמו של אדם, שידע כמה חלקים יש בו מיסוד האש, או מרוח, ומים, ועפר. וזאת היתה חכמת אדם הראשון שהיה שם שמות לכל בריה כפי חלקי היסודות הנזכרים. וכך כתב רבינו בחיי ז"ל שהשכיל אדם הראשון בחכמת האותיות לקרא השמות כפי טבעי הבריות בגבורת, וקלות, ואכזריות, וכו', דכל המדות והכחות שבבריות באים ויוצאים מן היסודות שבהם, עד כן דבריו, עיין שם.
90

מרן הרש"ש בסדר נענועי הלולב קורא לבחינת הזכר הנזכר כאן בשם חג"ת ונה"י דחג"ת, ולבחינת הנקבה בשם חג"ת ונה"י דנה"י.

נהר שלום דט"ל ע"ד – ענין וסדר המשכת המוחין דה' חסדים וכללותם, וכללות כללותם, בנענועי הלולב בברכה ובהלל, והוא להמשיך המוחין לג' פרצופים חב"ד דכל קצה מו"ק חג"ת נה"י דמ"ה וב"ן דנוקבא, שהם יעקב ורחל. והענין כי הו"ק חג"ת ונה"י הם ב' פרצופים מלבישים זה לזה בשוה. כי פרצוף דחג"ת כלול מחג"ת ונה"י, מתפשט עד למטה, ועליו מלביש פרצוף דנה"י, וג' פרצופי החג"ת מלבישים זה לזה בשוה כי החסד הוא פרצף גמור, כלול מחג"ת ונה"י, וכן על דרך זה בג' פרצופי הנה"י, שכל פרצוף כלול מחג"ת ונה"י, והם מלבישים בשוה לג' פרצופי החג"ת הנזכר. ועל ג' פרצופי החג"ת הנז"ל מלבישים ג' פרצופי המלכיות שלהם, וגם הם כוללים מחג"ת ונה"י, ועל ג' פרצופי המלכיות הנזכר מלבישים שלשה פרצופי הנה"י, ועליהם שלשה פרצופי המלכיות שלהם, ונמצא כי ג' פרצופי המלכיות דנה"י מלבישים לג' פרצופי הנה"י, והם מלבישים לג' פרצופי החג"ת. וזה הסדר הוא בפרצופי ו"ק ומלכות דדעת, וגם בו"ק ומלכות דזו"ן, וגם בו"ק ומלכות דנוקבא, שהם יעקב ורחל. והנה כל פרצוף מאלו הו"ק ומלכות הנז"ל כלול משני פרצופים חג"ת ונה"י דמ"ה וב"ן, עם נרנח"י דנפש ורוח, וחסר לכל פרצוף ג' הפרצופים הפנימיים חב"ד ואלו החב"ד נמשכים לכל פרצוף על ידי הנענועים, וכל זה בצלם דד' דצלם, ואחר כך בהקפה להמשיך ב' צלמי ל"מ. והענין הוא כי בשלשה ימים הראשונים נתקנים ג' פרצופים דחג"ת, ובג' ימים האחרונים נתקנים שלשה פרצופי הנה"י, וביום הז' שהוא יום הושענא רבא נתקנים ו' פרצופי המלכיות דחג"ת ונה"י, והוא כי ביום הראשון יכוין להמשיך המוחין לפרצופים דפרצופי **חג"ת ונה"י דחג"ת**, וביום שני לפרצופי הבינות דפרצופים הנזכר, וביום ג' לפרצופי הדעות דפרצופים הנזכר. וביום ד' לפרצופי חכמות דפרצופי **חג"ת ונה"י דנה"י**. וביום ה' לפרצופי בינות דפרצופי הנה"י הנזכר, וביום ו' לפרצופי הדעות דפרצופי הנה"י דנה"י הנזכר. וביום הושענא רבא לפרצופי דפרצופי המלכיות דפרצופי חג"ת ונה"י דחג"ת, ודפרצופי המלכיות דפרצופי חג"ת ונה"י דנה"י. והענין באופן זה, כי בג' ניענועים שלצד דרום דברכה **ביום הראשון** יכוין להמשיך המוחין דחח"ן בג"ה דת"י, לחח"ן בג"ה דת"י דפרצוף חכמה, דפרצוף **חסד דחג"ת ונה"י דחג"ת**, ובג' ניענועי צפון לחח"ן בג"ה דת"י, דפרצופי חכמה דפרצופי **הגבורה דחג"ת ונה"י דחג"ת**. ובשלשה ניענועי מזרח לחח"ן בג"ה דת"י, דפרצוף חכמה דפרצוף **תפארת דחג"ת ונה"י דחג"ת**. ובג' ניענועי מעלה לחח"ן בג"ה דת"י, דפרצוף חכמה דפרצוף **נצח דחג"ת ונה"י דחג"ת**, ובג' ניענועי מטה לחח"ן בג"ה דת"י, דפרצוף חכמה דפרצוף **הוד**

הי"ו הם בחינת הזכר. ונה"י שהם צירופי מש"א, אש"מ, שא"מ והם צירופי יה"ו, וה"י, הו"י הם בחינת הנקבה. **לכן**[91] **בזכר** שהוא קו האמצעי, והוא ספירת התפארת[92], צד מזרח, צרוף האותיות הוא **וי"ה** והוא צרוף אותיות אמ"ש דאמ"ש, סדר היסודות שלהם הוא **רוח, מים, אש, כי** יסוד **הרוח** הוא אות א' ביסודות ארמ"ע, והוא הקו האמצעי, קו הרחמים, ואות ו' באותיות יה"ו **עולה על הכל** כאשר אות ו' היא העיקרית באותיות יה"ו, **ואזוריו** אות **מ'** שהוא יסוד **מים, שהוא** קו החסד ואות י' דיה"ו, **ואזוריו** אות **ש'** שהוא יסוד **אש, שהוא** קו ה**דין** ואות ה' דיה"ו, **וזהו** צרוף אותיות **אמ"ש** בחינת הזכר בקו האמצעי. ובחינת **הנקבה**[93] בקו האמצעי, קו הרחמים, והוא ספירת היסוד[94], צד מערב, הצרוף **בהפך ממש, כי בא ממטה למעלה** כאשר אות א' דאמ"ש ואות ו' דיה"ו היא בראש הצרוף, ואותיות **מ"ש** ואותיות י"ה מתחלפות, **והוא**[95] צרוף אותיות **אש"ם** שהם סדר יסודות רוח, אש, מים, וצרוף אותיות **וה"י** דיה"ו, כי בחינת היסוד הוא יותר דין מבחינת התפארת, ואותיות אש"מ הם בחינת הנקבה שבקו האמצעי ♦ בקו ימין, קו החסד אות מ' דאמ"ש ואות י' דיה"ו הם בראש הצרוף, ולכן **כשהמוליך** אות[96]

דחג"ת ונה"י דחג"ת. ובג' ניענועי מערב לחח"ן בג"ה דת"י, דפרצוף חכמת דפרצוף **יסוד דחג"ת ונה"י דחג"ת.** וכן על דרך זה ביום שני, להמשיך המוחין לחח"ן בג"ה דת"י דפרצופי הבינות דחג"ת ונה"י דפרצופי **חג"ת ונה"י דחג"ת.** וביום ג' לפרצופי הדעות דפרצופי הנזכר. **וביום ד'** לפרצופי החכמות דפרצופי **חג"ת ונה"י דנה"י** כסדר יום ראשון. **וביום ה'** לפרצופי הבינות דחג"ת ונה"י **דחג"ת ונה"י דנה"י. וביום ו'** לפרצופי הדעות דחג"ת ונה"י דפרצופי **חג"ת ונה"י דנה"י.** וביום ז' בג' ניענועי דרום של הברכה, יכוין להמשיך המוחין לחח"ן בג"ה דת"י, דפרצופי החכמות דפרצופי המלכיות דחג"ת ונה"י, דפרצופי חג"ת, ודפרצופי נה"י.
91

בית לחם יהודה ש"ה פ"ז – לכן בזכר **וי"ה** רוח, מים, אש, כי הרוח עולה על הכל. שהוא רומז לכתר דז"א דקו האמצעי הוא גובר בזכר, ולכן נקרא משפט, שהוא עמודא דאמצעיתא, וכלומר וזהו סדר בריאתן בלא שום צרוף והמלכה.
92

תרשים ז – כ"ו.
93

בית לחם יהודה ש"ה פ"ז – והנקבה היא בהיפך ממש. כלומר וגם זהו סדרם בנקבה, מבלי שום המלכה וצרוף.
94

תרשים ז – כ"ז.
95

בית לחם יהודה ש"ה פ"ז – והוא אש"ם וה"י. והטעם הוא כמו שכתב רז"ל בפרק ד' דשער ל"ד, בבחינת הג' שכתב שם, ולפי שהיא נקבה, גברה ה' על א' וכו', יעו"ש בדברינו. אבל קשה דאי הנקבה היא בהיפך ממש, אם כן ראוי להיות סדרם **שמ"א** ולא **אש"מ**. ונראה לעניות דעתי כי תיבת ממש היה נטוי עליה קו, להורות שהיא ראשי תבות ממ"ש, ור"ל שהיא היפך ממ"ס ושי"ן של הזכר, והמדפיס טעה והשמיט את הקו.
96

בית לחם יהודה ש"ה פ"ז – וכשהמליך אות **מ'** תחלה. דהיינו בזמן שישראל עושין רצונו של מקום, ומגביר מדת החסד, אז החסד היא יונק תחלת הכל ממקורו, קודם אות **הא'**, ואות **הש'** שהם קו האמצעי, וקו השמאל, ויהיה הימין עיקר, וימין ה' עושה חיל, והימין הוא השליט והמנהיג, כדוגמת שצ"ם, חנכ"ל, שאף על פי שכולם משמשין במרום, מכל מקום לפעמים שולט כוכב זה, ולפעמים שולט כוכב זה.

מ' **תזזלה** ואות י' דאותיות יה"ו, ה**זכר**[97] דקו ימין, קו החסד, שהוא ספירת החסד[98], צד דרום, הוא צרוף אותיות **מא"ש** דאותיות אמ"ש, והוא צרוף אותיות יו"ה דאותיות יה"ו, שהם סדר יסודות מים, רוח, אש, ולכן אות **א'** שהוא יסוד הרוח קודם אל אות **ש'** שהוא יסוד האש, ואות ו' קודמת לאות ה', מפני שספירת החסד היא יותר רחמים מספירת הנצח, והצרוף דאותיות יה"ו הוא **יו"ה**, ולכן צרוף אותיות מא"ש הם בחינת הזכר בקו ימין ◆ ובחינת ה**נקבה** בקו ימין, קו החסד, והוא ספירת הנצח[99], צד מעלה, הקדים את אות ש' לאות א' והם אותיות **מש"א** דאותיות אמ"ש, שהם סדר יסודות מים, אש, רוח, והם צרוף אותיות יה"ו, כי בחינת הנצח היא בחינת דין בערך החסד, ולכן צרוף אותיות מש"א הוא הנקבה בקו ימין ◆ בקו שמאל, קו הדין, אות **ש'** דאמ"ש ואות **ה'** דיה"ו הם בראש הצרוף, ואותיות מ"א ואותיות י"ו מתחלפות, ולכן **כשהמליך** אות **ש'** דאותיות אמ"ש ב**זכר** והוא ספירת הגבורה[100], צד צפון, הצרוף הוא **שמ"א** ואותיות הי"ו דיה"ו, והם סדר יסודות אש, מים, רוח, כי בחינת הגבורה היא יותר רחמים בערך ההוד, **כי להיות שעיקרו** צד שמאל הוא גבורות, והוא אות **ש'** דאמ"ש **שהוא דין**, הקדים אות **ש'** אל אות **מ'** ואות מ' אל אות א' מפני שבחינת המים הם יותר רחמים, בערך הרוח שהוא ממוצע בין חסד לדין, ואותיות **הי"ו** הוא הצרוף דאותיות יה"ו, בחינת הזכר דקו שמאל ◆ **אמנם** בבחינה זאת של צרוף שמ"א, כאשר אות מ' קודמת לאות א' **להיות כי המים** שהם קו החסד, הם **רוזזמים גמורים בן** ר"ל בערך ה**רוזז** הקו האמצע, **שהוא** ר"ל הרוח **ממוזג** מחסד ודין, לכן הקדים אות **מ'** אל אות **א'**, ולכן צרוף אותיות שמ"א הוא הזכר בקו שמאל ◆

אך הצרוף של ה**נקבה** בקו שמאל, ספירת ההוד[101], צד מטה, הוא **שא"מ** שהם סדר יסודות אש, רוח, מים, כאשר אות א' שהוא רוח, והוא דין בערך אות מ' שהוא מים, לכן אות א' קודמת לאות מ', כי ההוד הוא בחינת דין בערך הגבורה, ואותיות **הו"י** הוא הצרוף דאותיות יה"ו, לכן צרוף אותיות שא"מ הוא הנקבה בקו שמאל. לסכום קו ימין שהוא חסד, כולל את ספירת החסד ונצח. קו שמאל שהוא דין, כולל את ספירת הגבורה וההוד. קו האמצע שהוא רחמים, כולל את ספירת התפארת ויסוד. ספירות אלו מתחלקים לזכר ונקבה, כאשר בחינת הזכר הם חג"ת, ובחינת הנקבה הם נה"י. לאותיות אמ"ש יש ו' צרופים, ולכל ספירה מו"ק הספירות צרוף שלה[102] ◆

97

בית לחם יהודה ש"ה פ"ה פ"ז – זכר מא"ש וכו', **והנקבה מש"א.** בכל צרופי הזכר הרחמים קודמין, ובכל צרופי הנקבה הדינין קודמין, כל אחד כמדתו.

98

תרשים ז – כ"ח

99

תרשים ז – כ"ט.

100

תרשים ז – ל.

101

תרשים ז – ל"א.

102

תרשים ז – ל"ב.

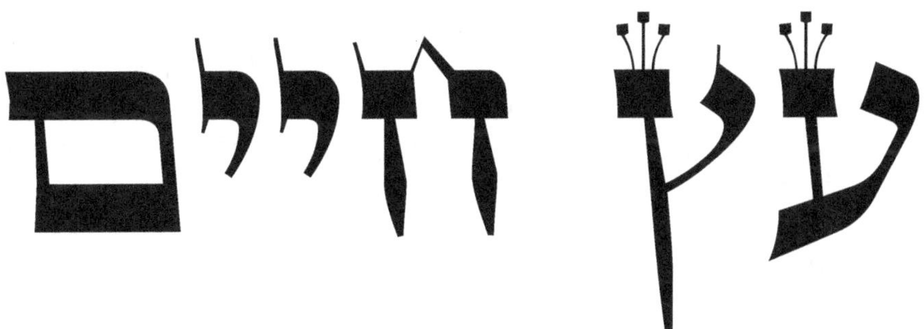

עץ חיים

לרבינו חיים וויטאל

שקיבל ממורן האר"י זלה"ה

שער ה'

שער טנת"א

פרק ז'

חלק התרשימים טבלאות וציורים

עמזת חיים

הקדמה קצרה

דע כי כל התרשימים הציורים והטבלאות, הם אך ורק לשכך את האוזן, ולשבר את העין. וכל הציורים הם לא שלמים.

כתב הרי"ח הטוב ברב פעלים ח"ב בסוד ישרים ה' - אך דע לך כי סדר התלבשות המחצבים שכתב מהרח"ו בשערי קדושה עד עולם הזה שאנחנו עומדים בו. וכן סדר התלבשות הפרצופים אשר בכל מחצב ומחצב, וסדר התלבשות העולמות זה בזה, והיושר והעיגולים, לא איית אינש דכיל למנלע רזא דנא, איך היא עשוי, איך הוא עומד, ולא אפשר לשכל אנושי לצייר כל הנזכר על אמתתם, ועל בורייו מפני כי שכל האנושי בהיותו עצור ומונח בגוף גשמיי, אי אפשר לי להשיג דבר רוחני, והוא זה דומה לאדם סומא מן הבטן שלא ראה מאורות מימיו, דודאי אי אפשר לו לצייר מראות השמש והירח הנראין לעיני הבריות, וכל שכן מה שיש למעלה למעלה.

וכן כתב ברב פעלים ח"א בסוד ישרים א' - סוף דבר הכל נשמע, ה' אחד ושמו אחד, ואין לו גוף ולא דמות הגוף, ואין לו שום ציור, ותמונה ודמיון כלל ועיקר, וגם כל העולמות וספירות הקדושים למעלה אין להם ציור ודמיון של גופים האלה כלל, ואין מי שיוכל לידע איך הוא עמידתם וסדרם, ואיך עומדים עולמות היושר ועולמות העיגולים, ואיך מתחברים זה עם זה, ואיך נמשך השפע מזה לזה, ואיך הוא תוארם ומראיהם, ואיך הוא מהות השפע המחיה אותם, ומקיים אותם, וכמה הוא שיעור אורכם וגובהן ורחבם, ואיך הם נכללים זה בזה, ומלבישים זה לזה, כי בכל זאת אין שום שכל אנושי יוכל לדעת, ולהבין, ולהשיג, כלל ועיקר.

הרב ז"ל כתב בשער אח"פ תחילת פ"א וז"ל - כבר ידעת כי אין בנו כח לעסוק קודם אצילות עשר ספירות, ולא לדמות שום דמיון וצורה כלל ח"ו, אך לשכך האזן, אנו צריכים לדבר דרך משל ודמיון, לכן אף אם נדבר במציאות ציור שם למעלה, אין הדבר רק לשכך האזן. אמנם דע כי עשר ספירות דאצילות הם שתי עניינים. האחד הוא התפשטות הרוחניות, והשני הוא כלים ואברים אשר העצמות מתפשט בהם. והנה צריך שיהיה לכל זה שורש למעלה לשתי בחינות אלו, ולכן צריכין אנו לדבר בסדר המדרגות מראש עד סוף, והנה נתחיל ונאמר כי הלא הא"ס ב"ה אין בו שום ציור כלל ח"ו כמבואר.

הרב ז"ל כתב בשער טנת"א פ"א - והנה אף על פי שאנו מכנים וקוראים כאן כנויים אלו כגון אדם ראש אזנים וכיוצא אינו רק לשכך האזן לשיובנו הדברים לכן אנו מכנים כנויים אלו במקום גבוה, עד כאן לשונו.

וכן הרמ"ק בפרדס רימונים ש"ו פ"א - וציירו להם המקובלים צורות ביריעות גדולות וקראום אילן. הרב ז"ל כתב בסוף ש"ה פ"ד וז"ל - ואמנם דבר גלוי הוא כי אין למעלה גוף ולא כח גוף חלילה. וכל הדמיונות והציורים אלו לא מפני שהם כך חס ושלום. אמנם לשכך את האוזן לכשיוכל האדם להבין הדברים העליונים הרוחניים בלתי נתפסים ונרשמים בשכל האנושי, לכן ניתן רשות לדבר בבחינת ציורים ודמיונים, כאשר הוא פשוט בכל ספרי הזוהר. וגם בפסוקי התורה עצמה כולם כאחד עונים ואומרים בדבר הזה כמו שאמר הכתוב עיני ה' המה משוטטים בכל הארץ. עיני ה' אל צדיקים. וישמע ה'. וירח ה'. וידבר ה'. וכאלה רבות וגדולה מכולם מה שאמר הכתוב ויברא אלהים את האדם בצלמו בצלם אלהים ברא אותו זכר ונקבה וגו'. ואם התורה עצמה דברה כך גם אנחנו נוכל לדבר כלשון הזה, עם היות שפשוט הוא שאין שם למעלה אלא אורות דקים, בתכלית הרוחניות, בלתי נתפשים שם כלל, וכמו שאמר הכתוב כי לא ראיתם כל תמונה, וכאלה רבות.

ואמנם יש עוד דרך אחרת כדי להמשיך ולצייר בה הדברים העליונים, והם בחינת כתיבת צורת אותיות, כי כל אות ואות מורה על אור פרטי עליון, וגם תמונת זו דבר פשוט הוא כי אין למעלה לא אות, ולא נקודה, וגם זה דרך משל וציור לשכך את האוזן כנזכר. ולכן נבאר עתה הקדמה הנזכר על דרך ציור האותיות גם כן, ובבחינת ציורים אלו, הן ציור האדם, והן ציור אותיות, שתיהן מוכרחים להבין ענין האורות העליונים, כאשר תראה ספרי הזוהר בנויים על שתי בחינות הציורים האלה, עד כאן לא.

ולכן גם אנחנו הרשינו לעצמינו לצייר ציורים, תרשימים וטבלאות, אך ורק כדי לשכך את האוזן, ולשבר את העין, כדי להבין את הסוגייה.

אח"י

סדר שמות שמות ההיכלות והשערים בעץ חיים

שם היכל	שער	שם השער						פרקים								
אדם קדמון	א	עיגולים ויושר	א	ב	ג	ד	ה									
	ב	השתלשלות י"ס דרך עגו'	א	ב	ג											
	ג	סדר אצילות למהרח"ו	א	ב	ג											
	ד	אח"פ	א	ב	ג	ד	ה									
	ה	**טנת"א**	א	ב	ג	ד	ה	ו	ז							
	ו	עקודים	א	ב	ג	ד	ה	ו	ז	ח						
	ז	מטי ולא מטי	א	ב	ג	ד	ה									
בקודים	ח	דרושי נקודות	א	ב	ג	ד	ה	ו								
	ט	שבירת הכלים	א	ב	ג	ד	ה	ו	ז	ח						
	י	תיקון	א	ב	ג	ד	ה									
	יא	מלכים	א	ב	ג	ד	ה	ו	ז	ח	ט	י				
הכתרים	יב	עתיק	א	ב	ג	ד	ה									
	יג	א"א	א	ב	ג	ד	ה	ו	ז	ח	ט	י	יא	יב	יג	יד
או"א	יד	או"א	א	ב	ג	ד	ה	ו	ז	ח	ט	י				
	טו	זווגים	א	ב	ג	ד	ה	ו								
	טז	הולדת או"א וזו"ן	א	ב	ג	ד	ה	ו	ז							
ז"א	יז	ז"א	א	ב	ג	ד										
	יח	רפ"ח נצוצין	א	ב	ג	ד	ה	ו								
	יט	אב"ד	א	ב	ג	ד	ה	ו	ז	ח	ט	י				
	כ	המוחין	א	ב	ג	ד	ה	ו	ז	ח	ט	י	יא	יב		
	כא	לידת המוחין	א	ב	ג											
	כב	מוחין דקטנות	א	ב	ג											
	כג	מוחין דצלם	א	ב	ג	ד	ה	ו	ז	ח						
	כד	פרקי הצלם	א	ב	ג	ד	ה	ו	ז							
	כה	דרושי הצלם	א	ב	ג	ד	ה	ו	ז	ח						
	כו	צלם	א	ב	ג	ד										
	כז	פרטי עי"מ	א	ב	ג	ד										
	כח	עיבורים	א	ב	ג	ד	ה									
	כט	נסירה	א	ב	ג	ד	ה	ו	ז	ח	ט					
	ל	פרצופים	א	ב	ג	ד	ה	ו	ז							
	לא	פרצופי זו"ן	א	ב	ג	ד	ה									
	לב	הארת המוחין	א	ב	ג	ד	ה	ו	ז	ח	ט					
	לג	אונאה	א	ב	ג	ד	ה									
נוק' דז"א	לד	תיקון הנוקבא	א	ב	ג	ד	ה	ו	ז							
	לה	הירח	א	ב	ג	ד	ה									
	לו	מעוט הירח	א	ב	ג	ד										
	לז	יעקב ולאה	א	ב	ג	ד	ה									
	לה	לאה ורחל	א	ב	ג	ד	ה	ו	ז	ח	ט					
	לט	מ"ן ומ"ד	א	ב	ג	ד	ה	ו	ז	ח	ט	י	יא	יב	יג	יד	טו
	מ	פנימיות וחצוניות	א	ב	ג	ד	ה	ו	ז	ח	ט	י	יא	יג	יד	טו
	מא	חשמל	א	ב	ג											
אבי"ע	מב-א	דרושי אבי"ע	א	ב	ג	ד	ה	ו	ז	ח	ט	י	יא	יב		
	מב-ב	כללות אבי"ע	א	ב	ג	ד										
	מג	ציור עולמות אבי"ע	א	ב	ג	ד										
	מד	שמות	א	ב	ג	ד	ה	ו	ז							
	מה	מקיפין	א	ב	ג	ד										
	מו	כסא הכבוד	א	ב	ג	ד	ה	ו								
	מז	סדר אבי"ע	א	ב	ג	ד	ה	ו								
	מח	קליפות	א	ב	ג	ד										
	מט	קליפת נוגה	א	ב	ג	ד	ה	ו	ז	ח	ט					
	נ	קיצור אבי"ע	א	ב	ג	ד	ה	ו	ז	ח	ט	י				

טבלת ערכים

עשיה	יצירה	בריאה	אצילות	אדם קדמון	עולמות
נוקבא	ז"א	אמא	אבא	ע"י וא"א	פרצופים
מלכות	חג"ת נה"י	בינה	חכמה	כתר	ספירות
ה	ו	ה	י	קוץ של י'	הוי"ה
נפש	רוח	נשמה	חיה	יחידה	אורות
ב"ן - יוד הה וו הה	מ"ה - יוד הא ואו הא	ס"ג - יוד הי ואו הי	ע"ב - יוד הי ויו הי	שורש הוי"ה	מלוי
אותיות	תגין	נקודות	טעמים	שורשים	טנת"א
אין ביקוד	סגול, שוה, חולם חיריק, קבוץ, שורוק	צרי	פתח	קמץ	נקודות
עטרת היסוד	גוף וברית	מוח שמאל	מוח ימין	גולגולתא	אדם
כבד	לב	מוח	ל' - מקיף, חיה	מ' - מקיף, יחידה	מל"צ
היכל	לבוש	גוף	נשמה	שורש	שנגל"ה
יעו"ר	זו"ן	ישסו"ת	או"א עלאין	עו"ן אאו"ן	י"ב פרצופים
כלים	לבושים	צלמים	מוחין	אורות	כל צמא
עור	בשר	גידין	עצמות	מוח	אברים
דיבור	ריח	שמיעה	ראיה	מוח	חושים
חושך	מלאכים	נשמות	ספירות	א"ס	מחצבים
צ' כבד	צ' לב	צ' מוח	ל' מקיף א'	מ' מקיף ב'	צלם
דומם	צומח	חי	מדבר	אלוקות	דהצ"מ
עפר	רוח	אש	מים	יולי	יסודות
וילון	מכון, מעון, זבול שחקים, רקיע	ערבות	ערבות	ערבות	רקיעים
לבנה	ככבים	מזלות	גלגל היומי	גלגל השכל	גלגלים
לבנת הספיר	אהבה, זכות, רצון, עצם השמים, לבנת הספיר	קודש קודשים	קודש קודשים	קודש קודשים	היכלות
כו - וד ה ו ה	יט - וד הא או א	לז - וד י או י	מו - וד י יו י		מלוי הוי"ה
קנ"א - אלף הה יוד הה	קמ"ג - אלף הא יוד הא	קס"א - אלף הי יוד הי	קס"א - אלף הי יוד הי	קס"א - אלף הי יוד הי	אהי"ה

תרשים ז - א

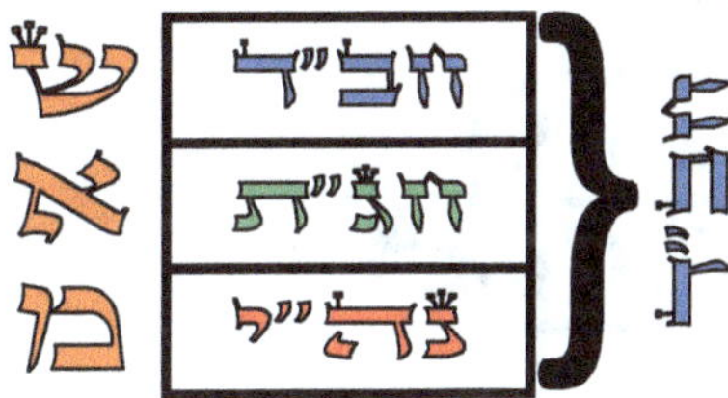

תרשים ז - ב

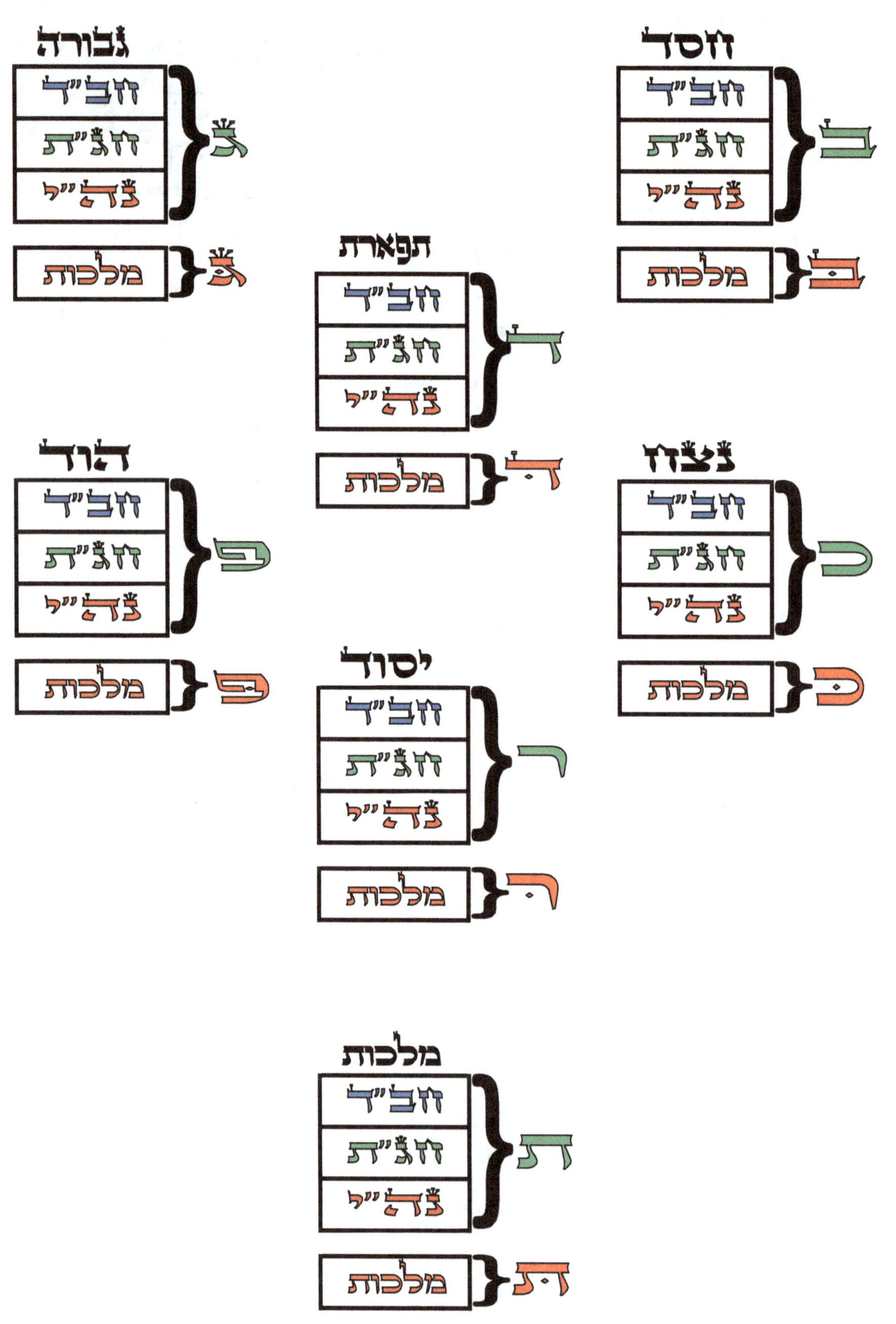
גבורה
חב"ד
חג"ת
נה"י
מלכות
א
א
חסד
חב"ד
חג"ת
נה"י
מלכות
ב
ב
תפארת
חב"ד
חג"ת
נה"י
מלכות
ג
ג
הוד
חב"ד
חג"ת
נה"י
מלכות
ה
ה
נצח
חב"ד
חג"ת
נה"י
מלכות
כ
כ
יסוד
חב"ד
חג"ת
נה"י
מלכות
ר
ר
מלכות
חב"ד
חג"ת
נה"י
מלכות
ת
ת

תפארת

היכלות
דבריאה

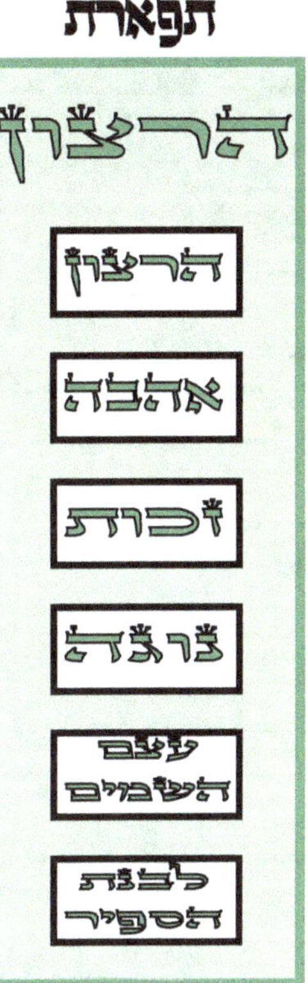

גבורה

זכות

חסד

אהבה

הוד

עצם השמים

נצח

נוגה

יסוד

לבנת הספיר

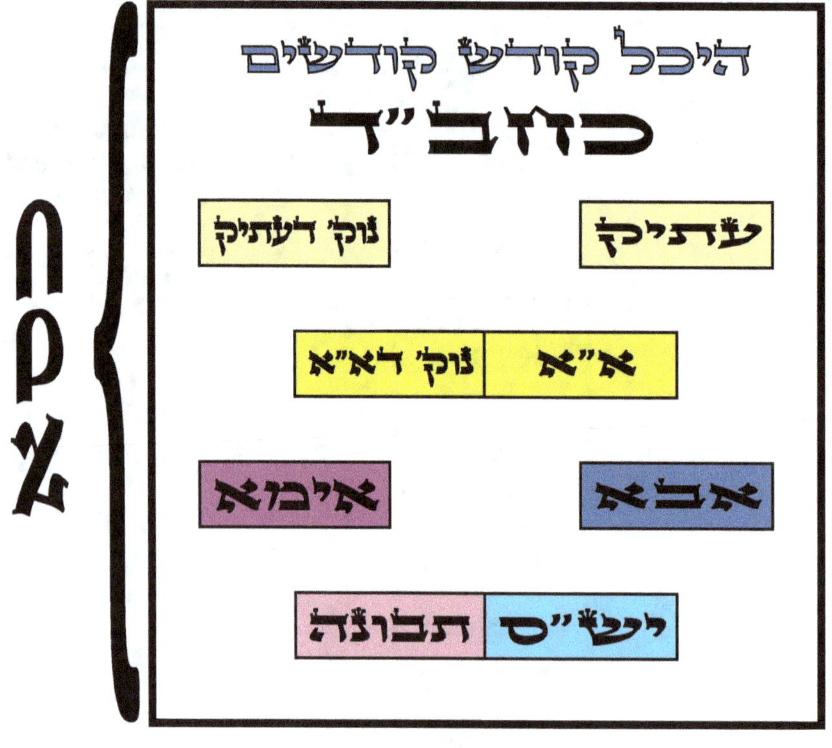
אצי׳
היכל קודֶש קודשים
כחב״ד
עתיק נוק׳ דעתיק
א״א נוק׳ דא״א
אבא אימא
ועש״ס תבונה

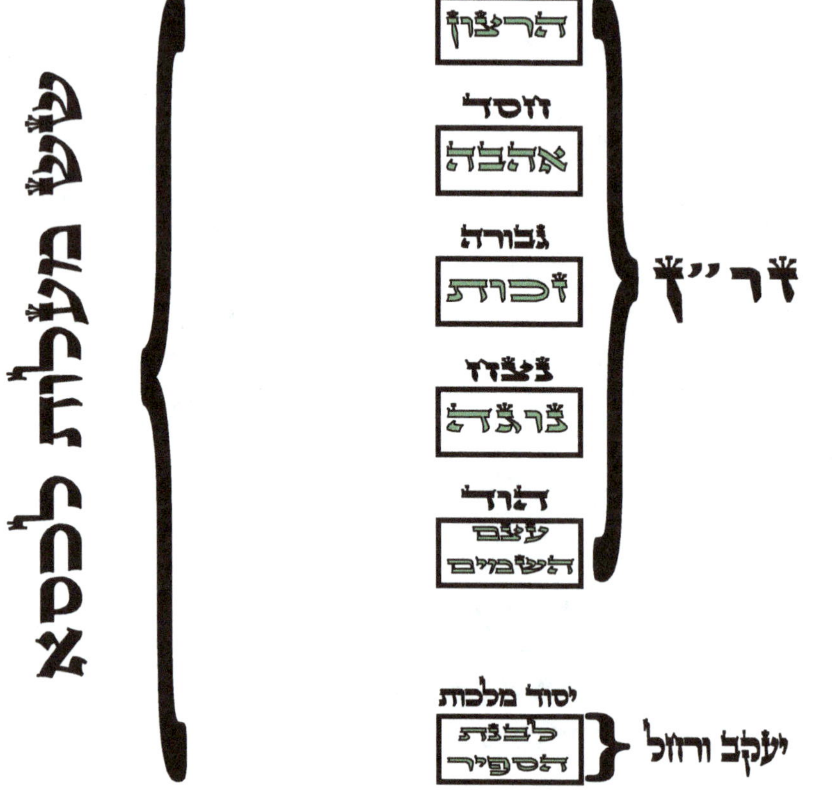
אצי׳ המעלות לבא
ד״רי״ז
תפארת
הרצון
חסד
אהבה
גבורה
זכות
נצח
ברצה
הוד
עצם השמים
יסוד מלכות
יעקב ורחל לבנת הספיר

היכל הרצון הכללי

כיוון להעלות בירורי כלים תחתוניים ותמלעיים נה"י
ותג"ת דמלכים, עם פנימיות בי"ע (דאצי' דאצי'),
ובירורי יסוד ומלכות יהוד ונגה וגבורה וחסד דהיכלי
לבנת הספיר ועצם השמים ונוגה וזכות ואהבה, וגר"ן
שלו, וחילוניות בי"ע (דאצי' דאצי'), פנימים ומקיפים
להיכל הרצון ת"ת דז"א דבריאה דאצי' דאצי' דכל
פרי ולגבול חלקי ת"ת דכמב"ד דמלכים דכל פרצוף,

(להעלותם לת"ת דאו"א, וא"א ונוק', ועתיק ונוק'
דבריאה דאצי' דאצי' המלובשת בבריאה דאצילות
ולזווגם **איההיוהה**)

ולהמשיך להם חלקי מוחין פנימים ומקיפים
עם חלקי נרנח"י דנח"י דנשמה לחיה דחיה.

אֶהְיֶה
יְהֹוָה

אֶהְיֶה אֶהְיֶה אֶהְיֶה אֶהְיֶה
יְהֹוָה יְהֹוָה יְהֹוָה יְהֹוָה

הֵיכְלוֹת דִּבְרִיאָה דִּתְפִילַת שַׁבָּת

בהיכלות הבריאה דיום
חול הם בז"א דבריאה דאצילות
וביום שבת הם בזה דבריאה
דאצילות דאצילות

היכל לבנת הספיר דהיכל הרצון

להוריד יסוד דז"א דאצי' דאצי' דאצי' להיכל לבנת
הספיר יסוד, דהיכל הרצון דז"א דבריאה דאצי'
דאצי'.

ולהמשיך הארת המוחין מחכמה דחכמה דיעקב
דאצי' דאצי', לנגת דתפארת דהיכל הרצון
דבריאה דאצי' דאצי', שהוא יעקב, ומשם ימשיכו
לחכמה דלאה דאצי' דאצי'.

וְיַצִיב וְנָכוֹן וְקַיָם וְיָשָׁר וְנֶאֱמָן וְאָהוּב וְחָבִיב

היכל עצם השמים דהיכל הרצון

להוריד הוד דז"א דאצי' דאצי' דאצי' להיכל עצם
השמים הוד דהיכל הרצון דז"א דבריאה דאצי'
דאצי'.

ולהמשיך הארת המוחין מבינה דחכמה דיעקב
דאצי', להוד דתפארת דהיכל הרצון דבריאה
דאצי', שהוא יעקב, ומשם ימשיכו לבינה
דלאה דאצי' דאצי'.

אֱלֹהֵי עוֹלָם מַלְכֵּנוּ. צוּר יַעֲקֹב מָגֵן יִשְׁעֵנוּ. לְדֹר

היכל נוגה דהיכל הרצון

להוריד נצח דז"א דאצי' דאצי' דאצי' להיכל נוגה
נצח דהיכל הרצון דז"א דבריאה דאצי' דאצי'.

ולהמשיך הארת המוחין מחסדים דדעת דחכמה
דיעקב דאצי'דאצי' דאצי', לחסדים דיסוד דתפארת
דהיכל הרצון דבריאה דאצי' דאצי', שהוא יעקב, ומשם
ימשיכו לחסדים דדעת דלאה דאצי' דאצי'.

וֶאֱמוּנָה. חֹזָק וְלֹא יַעֲבֹר.

היכל הרצון, אהבה, ומת דהיכל הרצון

להוריד מג"ת דז"א דאצי' דאצי' דאצי' לג'
היכלות היכל הרצון וזכות ואהבה דהיכל הרצון
דז"א דבריאה דאצי' דאצי'.

ולהמשיך הארת המוחין מגבורות דדעת דחכמה
דיעקב דאצי' דאצי', לגבורות דיסוד
דתפארת דהיכל הרצון דבריאה דאצי' דאצי', שהוא
יעקב, ומשם ימשיכו לגבורות דדעת דלאה דאצי'
דאצי'.

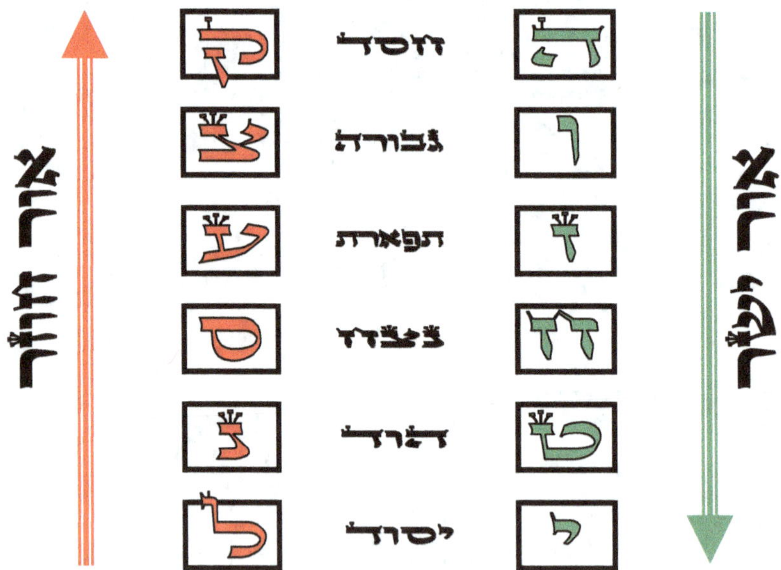
חסד
גבורה
תפארת
נצח
הוד
יסוד
אל עליון
אל תחתון

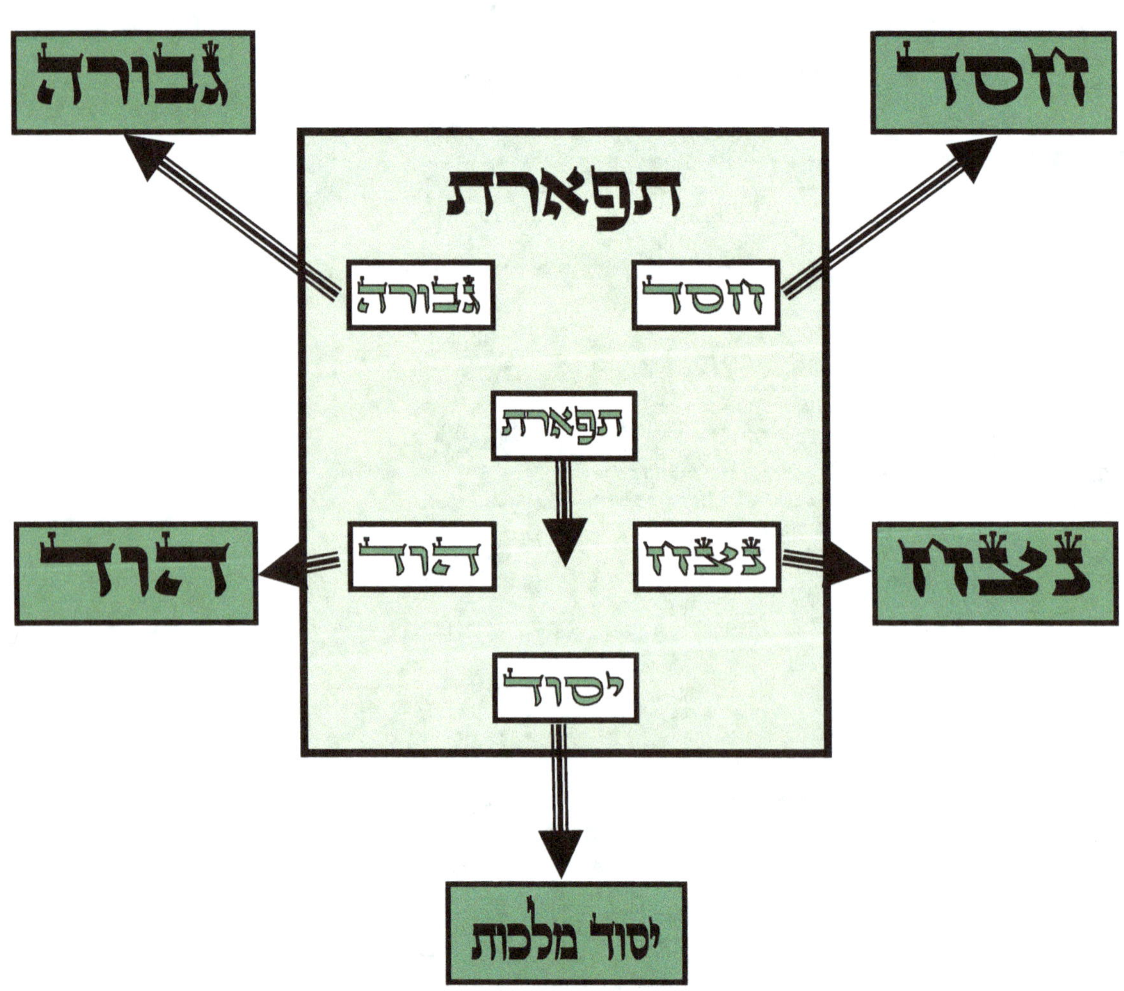
גבורה
חסד
תפארת
גבורה
חסד
תפארת
הוד
נצח
יסוד
הוד
נצח
יסוד מלכות

תרשים ז - ט

מזרח
תפארת
חסד שבתפארת
גבורה שבתפארת
יסוד שבתפארת
נצח שבתפארת
הוד שבתפארת
מלכות שבתפארת
חסד
גבורה
נצח
הוד
דרום
צפון
יסוד
מלכות
מערב

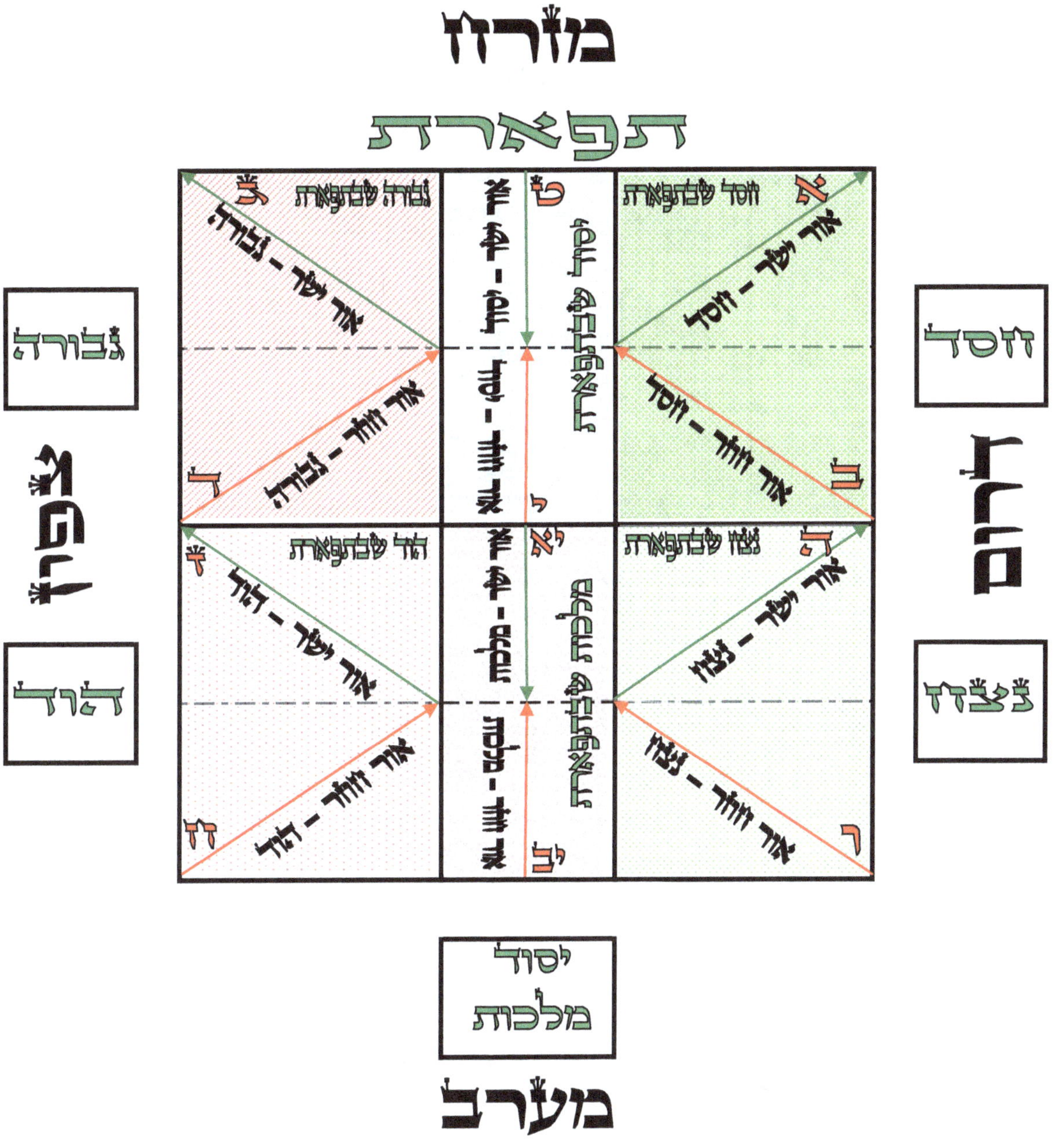

א. גבול מזרחית רומית - אור ישר דחסד

ב. גבול דרומית רומית - אור חוזר דחסד

ג. גבול מזרחית תפונית - אור ישר דגבורה

ד. גבול צפונית רומית - אור חוזר דגבורה

ה. גבול מערבית דרומית - אור ישר דחסד

ו. גבול דרומית תחתית - אור חוזר דנצח

ז. גבול מערבית תפונית - אור ישר דהוד

ח. גבול צפונית תחתית - אור חוזר דהוד

ט. גבול מזרחית רומית - אור ישר דיסוד

י. גבול מזרחית תחתית - אור חוזר דיסוד

יא. גבול מערבית רומית - אור ישר דמלכות

יב - גבול מערבית תחתית - אור חוזר דמלכות

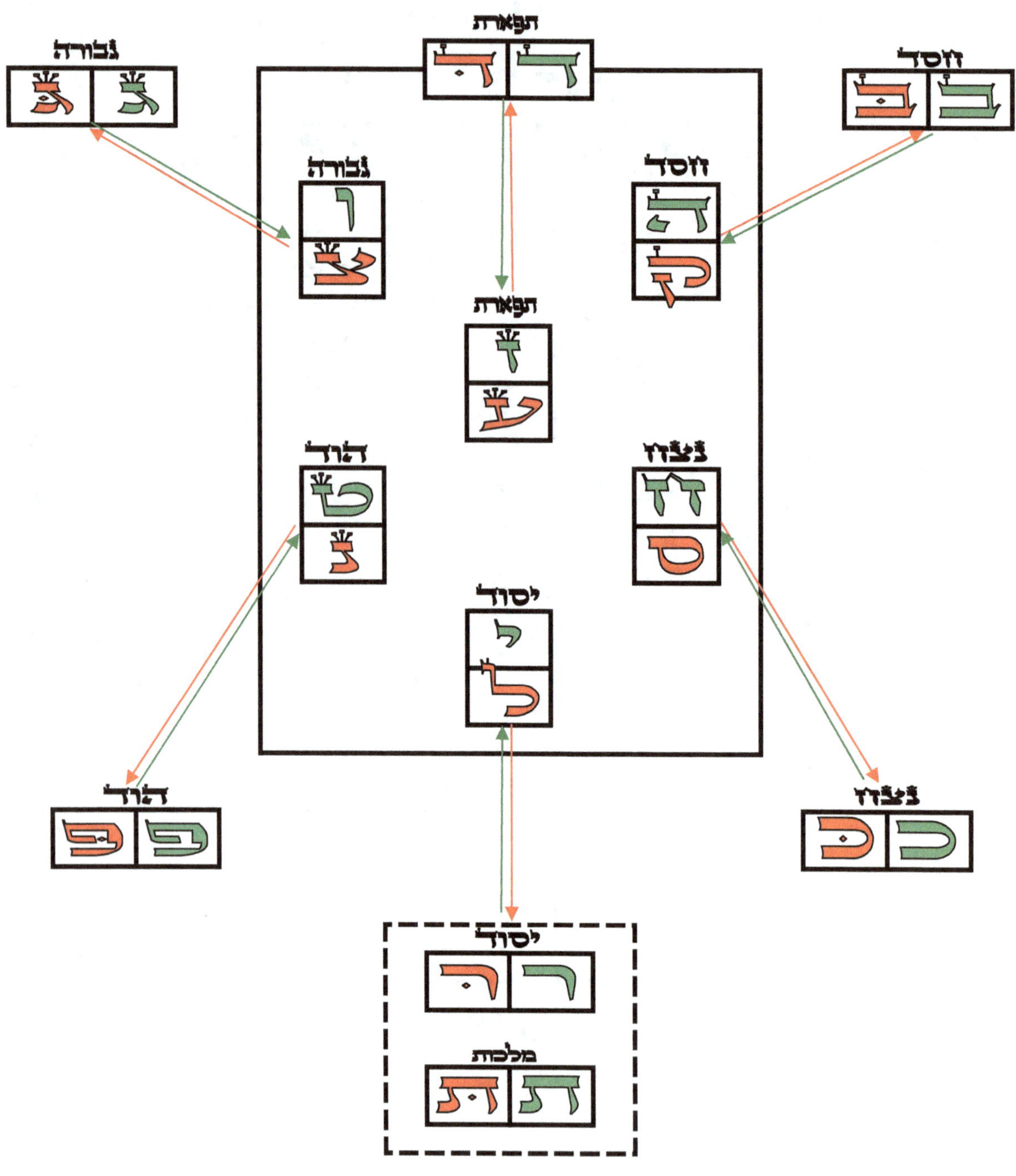
גבורה
תפארת
חסד
גבורה
חסד
תפארת
הוד
נצח
יסוד
הוד
נצח
יסוד
מלכות

כְּכָתוב עַל יַד נְבִיאֶךָ וְקָרָא

| להמשיך שפע מנלם דז"א למ"ן | | להמשיך שפע מהוד דז"א לג"ה |
| דנוק'. | | דנוק'. |

| זֶה | אֵל | זֶה |
| י"ב פרקין דתרין דרועין דיעקב ורחל | | י"ב פרקין דתרין דרועין דיעקב ורחל |

ג' כלי נצח דז"א		ג' כלי הוד דז"א
יהוה		אדני
צ צב צבא		א צבאו צבאות
צבא		אות

ג' כלי חסד דנוק'		ג' כלי גבורה דנוק'
אלף למד		יֱהוֹה
אלף אלף למד		אלהים
אל		אכדטם

ג' כלי נצח דנוק'		ג' כלי הוד דנוק'
אל		אלהים
א אל		א, אל, אלה, אלהי, אלהים
בם		במוכן

וְאָמַר:

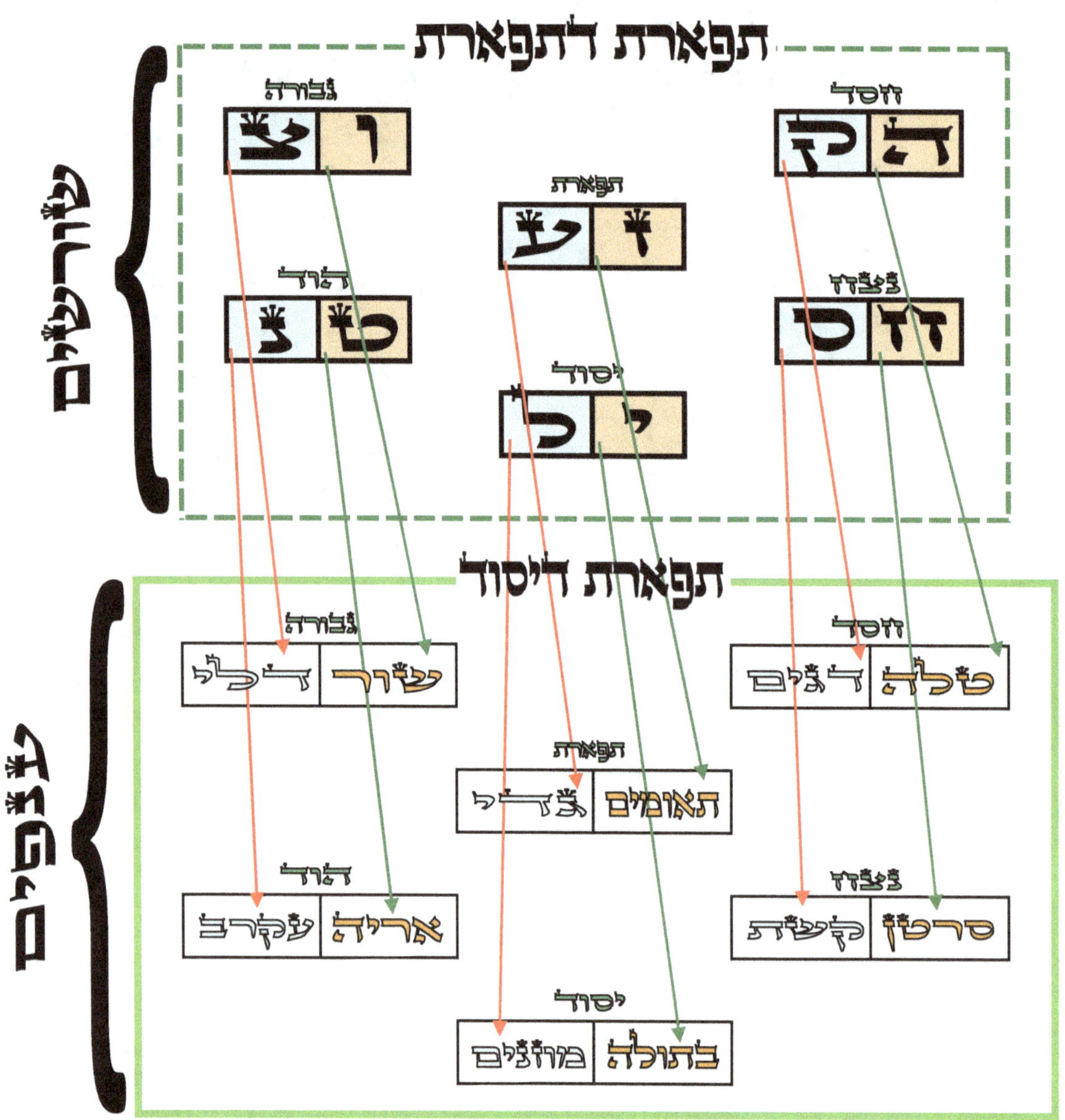

תרשים ז - י״ד

אות	מידה
ת	מות
א	רע
ד	אולת
כ	עוני
פ	כיעור
ר	שממה
ת	עבדות

אות	מידה
ב	חיים
ג	שלום
ד	חכמה
כ	עושר
פ	חן
ר	זרע
ת	ממשלה

כוכבים
שבתאי
צדק
מאדים
חמה
נוגה
כוכב
לבנה

ספירות
חסד
גבורה
תפארת
נצח
הוד
יסוד
מלכות

תרשימים שער ה' פרק ז'

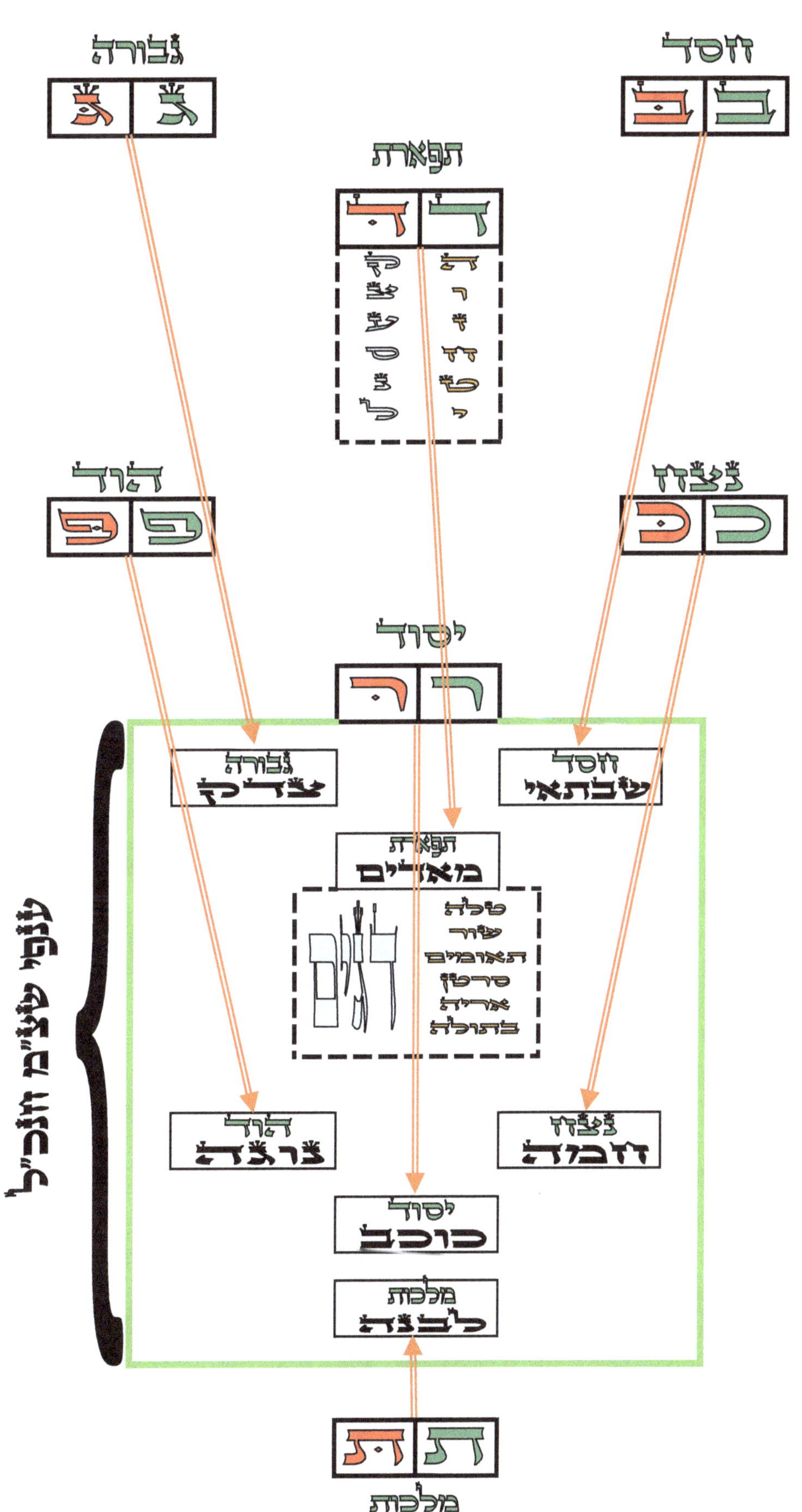

תרשים ז - ט"ז

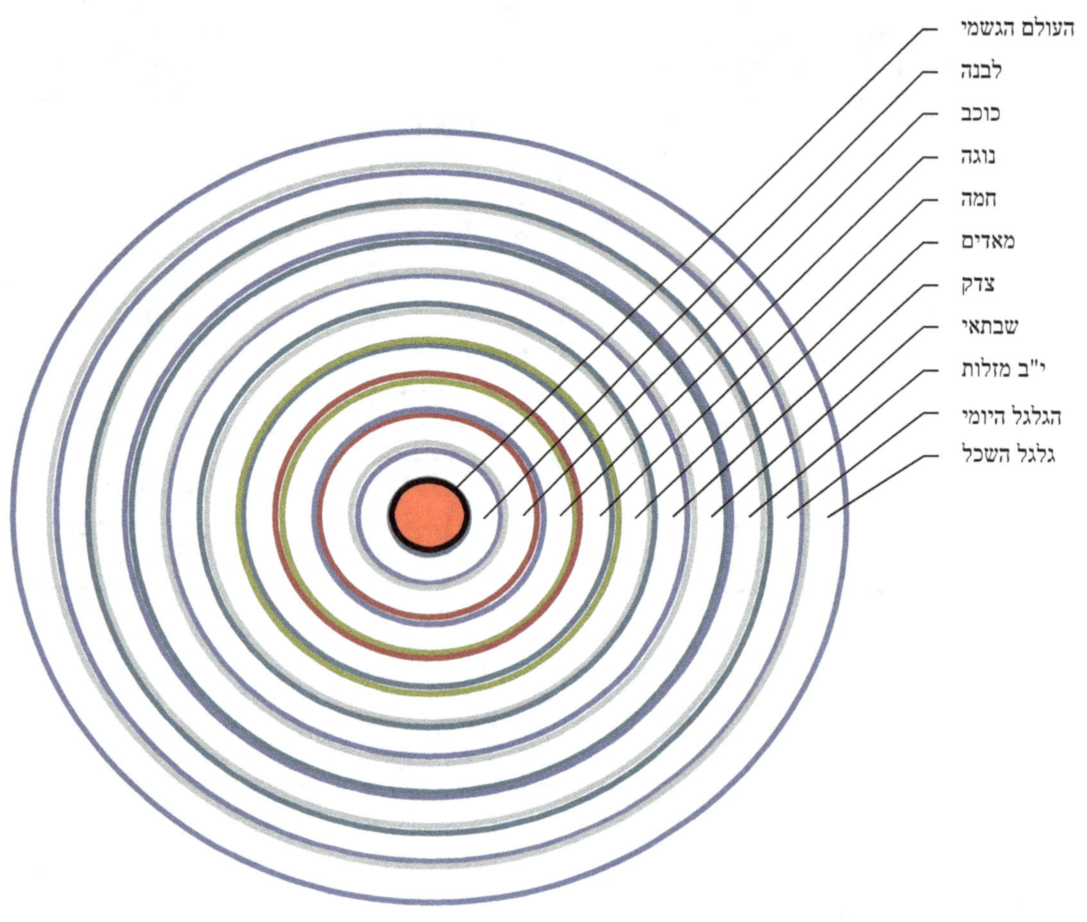

תרשים ז - י"ז

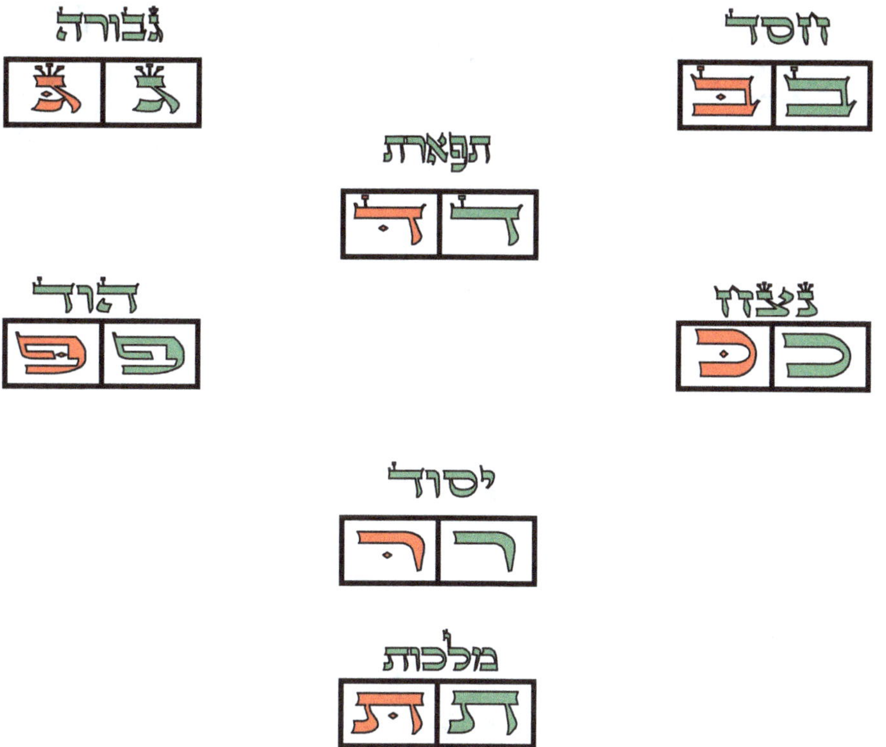

חסד
גבורה
תפארת
הוד
נצח
יסוד
מלכות

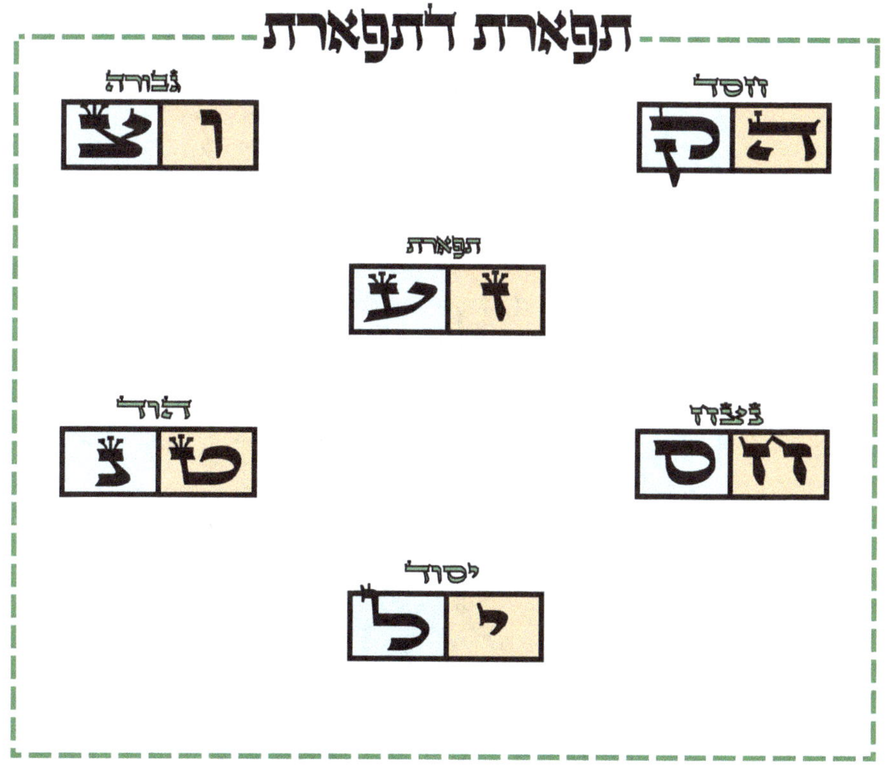

תפארת דתפארת
חסד
גבורה
תפארת
הוד
נצח
יסוד

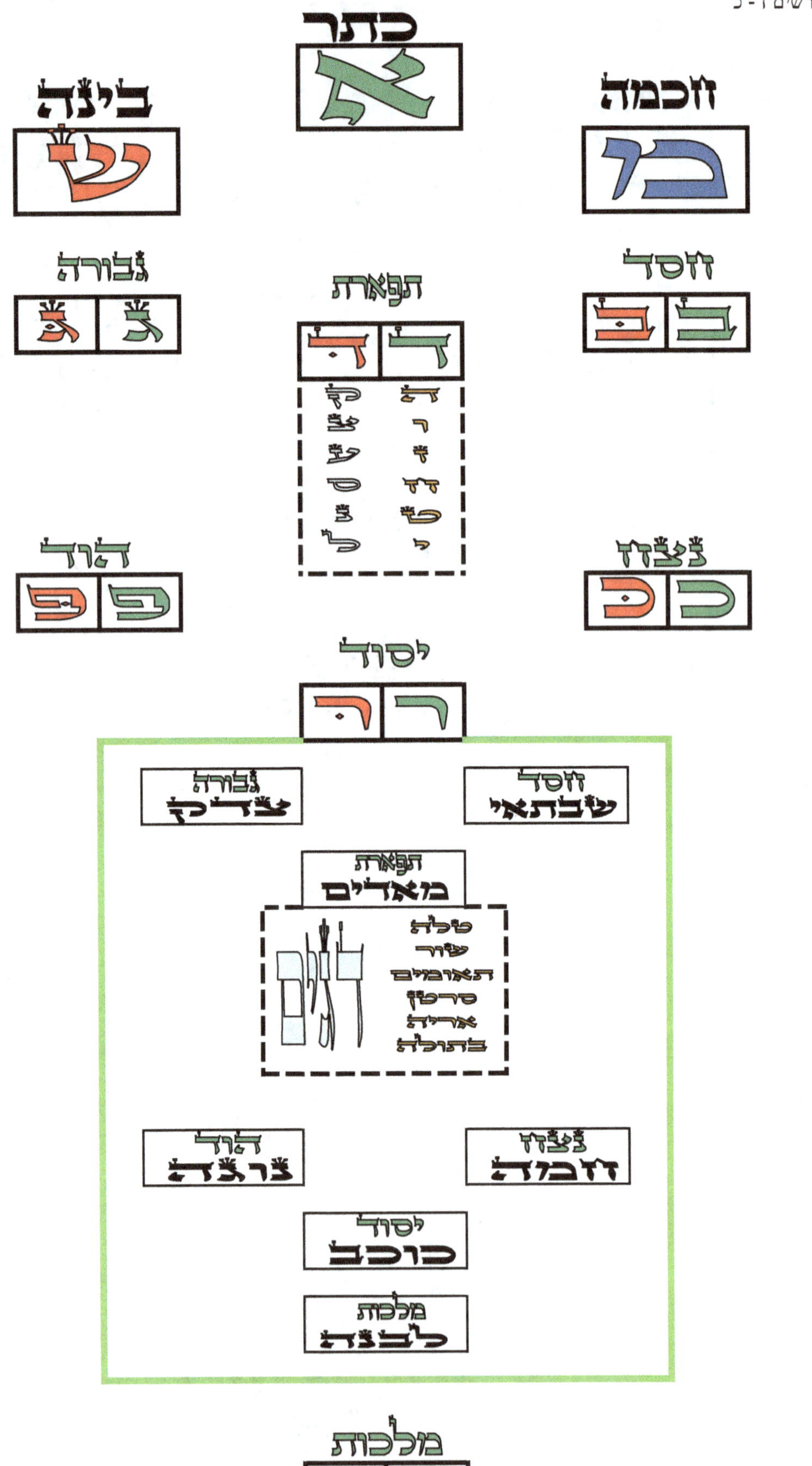
כתר
א
בינה
חכמה
גבורה
תפארת
חסד
ה ד
הוד
נצח
יסוד
ר ה
גבורה צדק
חסד שבתאי
תפארת מאדים
טלה
שׁור
תאומים
סרטן
אריה
בתולה
הוד נוגה
נצח כוכב
יסוד כוכב
מלכות לבנה
מלכות
דנ״ת

ה	ראיה	רוֹזז	ל
ו	שמיעה	שיזוק	צ
ז	ריזז	מעשה	ס
ח	שיזה	לעיטה	ע
ט	הרהור	תשמיש	ש
י	הילוך	שינה	ק

תרשים ז - כ"ב

מ	חזכמה	מים	ל
ש	בינה	אש	ה
א	דעת	רוזז	ו
ע	מלכות	עפר	ה

כתר

תרשים ז - כ"ד

צרופי אמ"ש
צרופי יה"ו
צד"ד צ'
ספירות

מ א ש | ל ו ה | דרום | חסד
ש מ א | ו ל ה | צפון | גבורה
א מ ש | ה ל ו | מזרח | תפארת
מ ש א | ל ה ו | מעלה | נצח
ש א מ | ה ו ל | מטה | הוד
ן ש מ | ו ה ל | מערב | יסוד

תרשים ז - כ"ה

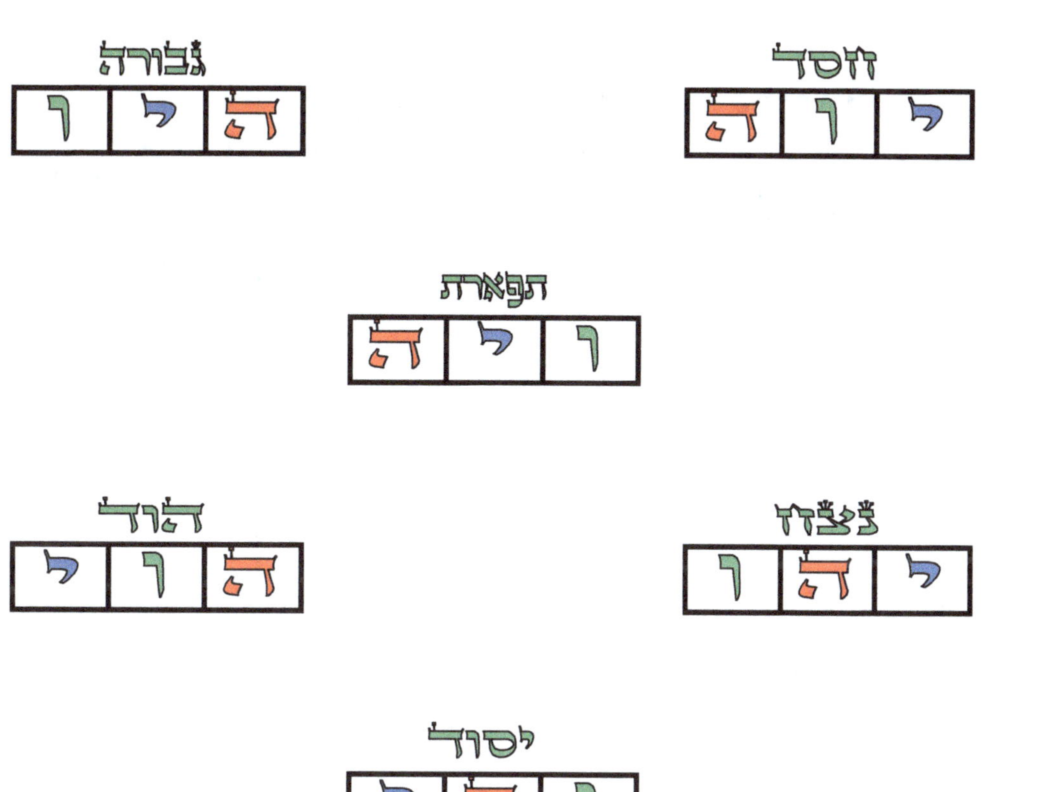

תרשים ז - כ"ו

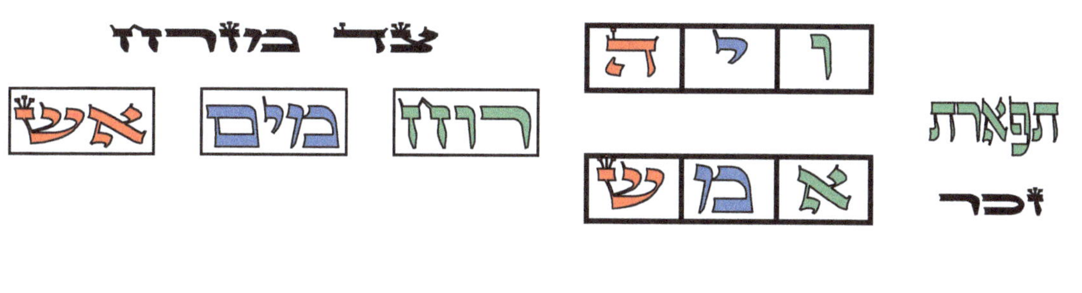

תרשים ז - כ"ז

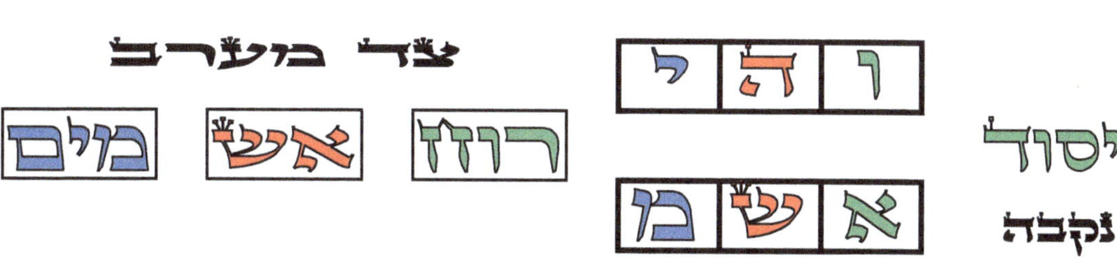

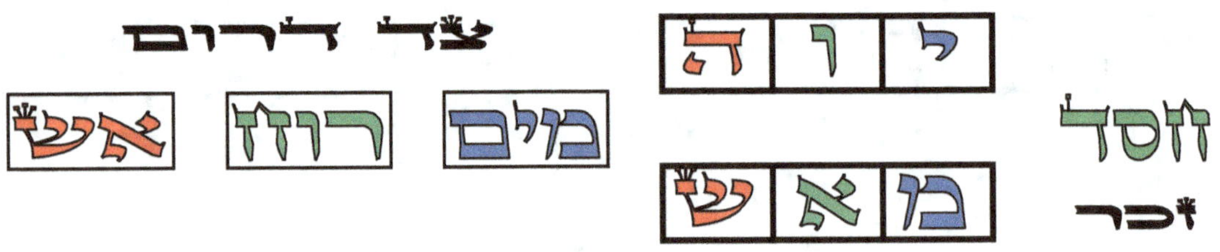

צד' ד'רום
אש רוח מים
ל ו ה
מ א ש
חסד
זכר

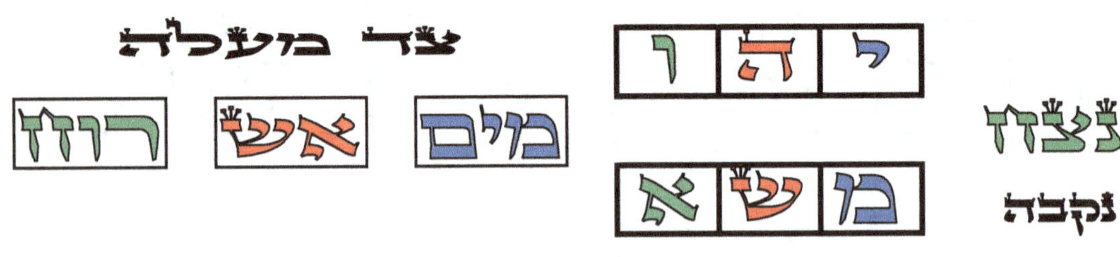

צד' מערב
רוח אש מים
ל ה ו
מ ש א
נצח
נקבה

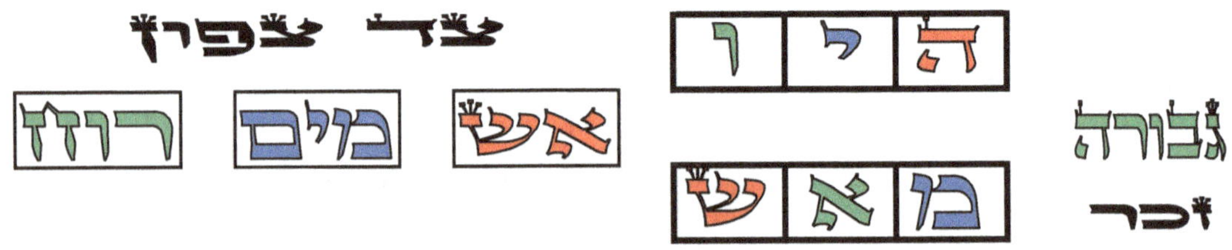

צד' צפון
אש מים רוח
ה י ו
מ א ש
גבורה
זכר

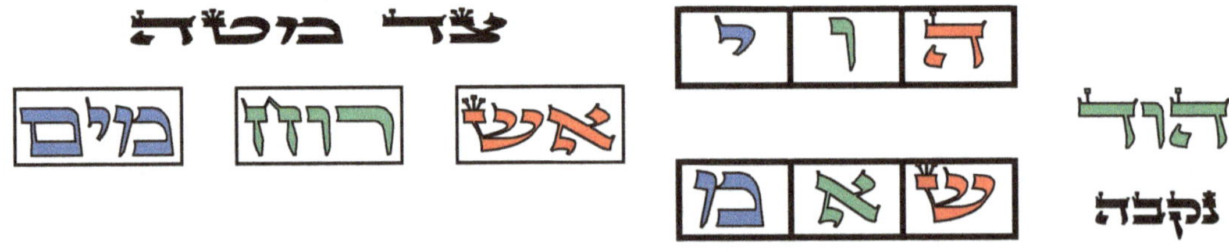

צד' מטה
אש רוח מים
ה ו ל
ש א מ
הוד
נקבה

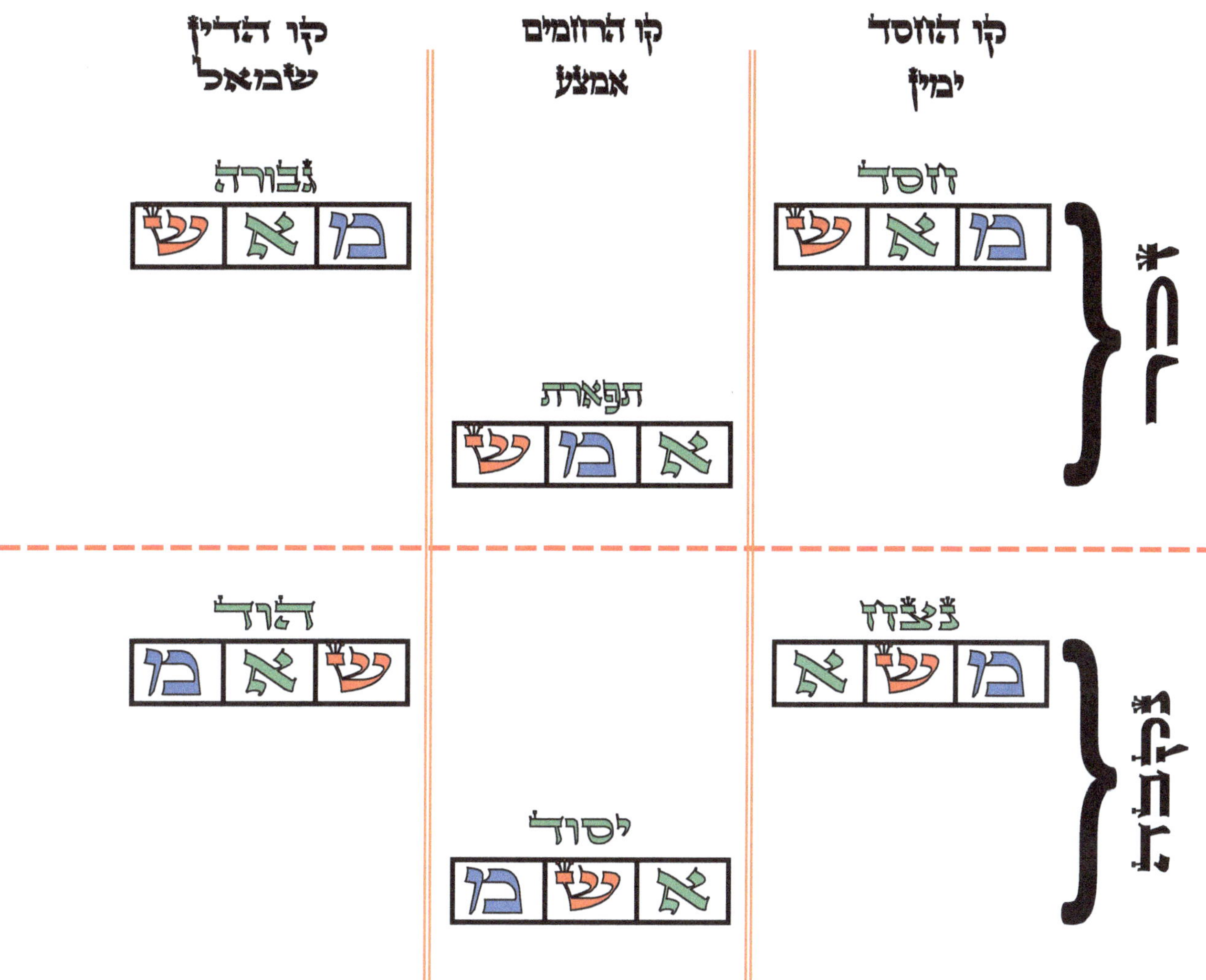
קו הדין
שמאל
קו הרחמים
אמצע
קו החסד
ימין
גבורה
תפארת
חסד
הוד
נצח
יסוד

תרשימים שער ה' פרק ז'